墨人著

文學叢刊

全宋詩尋幽探微

文史哲出版社印行

國家圖書館出版品預行編目資料

全宋詩尋幽探微 / 墨人著. -- 初版. -- 臺北市 :
文史哲, 民 89
面 ; 公分--（文學叢刊 ; 113）
ISBN 957-549-332-x (平裝)

1. 詩 - 宋（960-1279） - 評論

831.5　　89017564

文學叢刊 ⑪③

全宋詩尋幽探微

著　者：墨　人
出版者：文史哲出版社
登記證字號：行政院新聞局版臺業字五三三七號
發行人：彭正雄
發行所：文史哲出版社
印刷者：文史哲出版社
臺北市羅斯福路一段七十二巷四號
郵政劃撥帳號：一六一八〇一七五
電話 886-2-23511028 · 傳眞 886-2-23965656

實價新臺幣 四四〇元

中華民國八十九年十一月初版

ISBN 957-549-332-x

全宋詩尋幽探微 目次

墨人博士小傳

墨人，本名張萬熙，江西九江人。一九二〇年農曆四月二十日辰時生。民國三十八年（一九四九）來台。曾任報社主筆、總編輯、國民大會簡一組長兼圖書館長、東吳大學兼任副教授、香港廣大學院客座指導教授、講座教授。自幼受鄉先賢陶淵明影響，深愛田園生活、文學。創作六十年。著有詩集：《墨人半世紀詩選》、《墨人詩詞詩話》；文學理論：《紅樓夢的寫作技巧》、《全唐詩尋幽探微》、《全唐宋詞尋幽探微》、《全宋詩尋幽探微》；小說：長篇《白雪青山》、大長篇《紅塵》（以版面計算達兩百萬字）、《娑婆世界》；散文集：《紅塵心語》、《年年作客伴寒窗》、《大陸文學之旅》；以及修訂批注的《張本紅樓夢》等五十餘部，一千多萬字。

早在一九六一、一九六二年、即連續以短篇小說與諾貝爾文學獎兩位得主：美國作家威廉福克納、瑞典作家拉華克菲斯特以及大陸的老作家郭沫若等七十餘國重要作家同時入選維也納納富（NEFF）出版公司先後編選的兩集《世界最佳小說選》。其後又榮列英、美、義、印度等國出版的《國際作家》、《國際詩人》、《世界名人》、《國際文學史》、《二十世紀二千位傑出人物》、《二十世紀五百位有影響力的領袖》、及大陸出版的中文本《世界名人錄》、《世界華人文學藝術界名人錄》等二十餘種名人傳記辭書。

一九八二年，義大利藝術大學授予文學功績証書。一九八八年，美國國際大學基金會授予榮譽文學博士學位、一九八九年，美國世界大學亦授予榮譽文學博士學位、一九九〇年，美國艾因斯坦國際學院基金會授予榮譽人文學博士學位。一九九一年《紅塵》同時榮獲行政院新聞局著作金鼎獎暨嘉新文化基金會優良著作獎。中國廣播公司、台北廣播電台先後選播。一九九三年大陸武漢市「中國當代作家代表作陳列館」並特設「墨人作品專藏室。」一九九五年，英國劍橋國際傳記中心授予「二十世紀文學傑出成就獎」。一九九七年又授予「二十世紀文學與人文學傑出貢獻獎」。一九九八年美國傳記學會授予「二十世紀最可欽佩的文學成就與社會貢獻獎狀」。江西九江市作協與師專成立「墨人文學研究中心」。

墨人博士深通儒、釋、道三家思想，中晚年更佛道雙修，嚴守五戒。一向只問耕耘，不問收穫，埋頭讀書寫作。精通命學、深信因果，一切順其自然，絕不攀緣。現又完成另一涵蓋儒、釋、道三家思想的四十多萬字的長篇小說《娑婆世界》，對人生觀、宇宙觀、作了更深入的描寫分析，將宗教、哲學、文學冶於一爐，而總體呈現者則爲高品味的文學，以大別於商品文學，此爲其一以貫之的創作原則。今年是他創作六十周年。

墨人榮列國際詩人、國際作家、國際文學史、世界名人錄等中英文書目

1. Dictionary of International Biography.（I.B.C.）
2. Men of Achievement.（I.B.C.）
3. International Who's who of Intellectuals.（I.B.C.）
4. International Who's who in Poetry.（I.B.C.）
5. International Register of Profiles.（I.B.C.）
6. Men & Women of Distinction.（I.B.C.）
7. Who's who in the World（Published by Marquis who's who Inc. U. S. A.）
8. Contemporary Personalities（Published by Accademia Italia, Italy）.
9. International Authors and Writers Who's Who（Published by I. B. C., England）.
10. History of International Literature（Published by Accademias Italia, Italy）.
11. The International Who's Who of Contemporary Achievement（Published by Biographical Publications, England）.
12. Biography International（Published by A South-Asia Co. Publication, India）.
13. 5000 Personalities of the World（Published by A.B.I., U.S.A）.
14. International Book of Honor（Published by A.B.I., U.S.A.）.

15. The International Directory of Distinguished Leadership (Published by A.B.I., U.S.A.).

16. International Leaders in Achievement (Published by I.B.C., Cambridge, England).

17. Asia's who's Who of men and Women of Achievement and Distinction (Published by Rifaciments International, India).

18. IBC Book of Dedications.

19. The Definitive Book of the Deputy Directors General of the IBC. Cambridge, England.

20. 2000 Outstanding People of the 20th Century. (I.B.C)

21. Five Hundred Leaders of Influence. (Published by ABI USA) etc....

墨人榮列大陸出版16開巨型精裝中文本名人傳記書目

1.《世界名人錄》中國卷（中國國際交流出版社、世界人物出版社出版）

2.《世界華人文學藝術界名人錄》（北京文化藝術出版社出版）

尋幽探微看宋唐（自序）

墨　人

自丁卯（一九八七）年八月、已巳（一九八九）年六月，先後在台灣商務印書館出版《全唐詩尋幽探微》、《全唐宋詞尋幽探微》以來，我一直想完成我退休以前即已訂定的第四項寫作計劃《全宋詩尋幽探微》。但由於寫作出版散文集《小園昨夜又東風》、《大陸文學之旅》、《墨人半世紀詩選》，和新構思的另一個長篇小說《娑婆世界》，而使這兩本書的寫作次序一直難以決定。去年又被一個新詩刊的古典詩詞的編務占去了不少時間，最後才決定寫作第一，不編古典詩詞，而寫作《全宋詩尋幽探微》更是第一優先。於是閉門寫作了七八個月，終於完成了我退休以前的一系列的大寫作計劃。

自「五·四」新文學運動以來，中國古典詩詞就因「全盤西化」也一道打入了冷宮，其結果是現在的所謂「新新人類」，已經不懂詩詞，甚至大學中文系的學生也不會作詩塡詞，令人浩歎！這也就是我爲什麼要以一個新詩作者和小說作者的身分挺身而出作這種吃力不討好，還冒著不能出版的風險的傻事。但這是存亡繼絕的問題，如果像我這種耄耋之年、又受過古典詩詞薰陶的人，再不力挽狂瀾，那中國優良的文學傳統，精緻文學，眞要斷根了！

幸好，近十年來，兩岸都出現了一些變化。一九八七年，「中華詩詞學會」在北京成立，會員達五千多人，此後各省、市甚至鄉鎭也成立了分支組織或詩社。一九九四年，中華詩詞學會又創辦了會刊《中華詩詞》，在海內外發行。一九九六年上海詩詞學會也編印了《上海近百年詩詞選》，這都是重振中華古典詩詞的盛事、大事。大陸不但文學人口多，政府對詩人、作家也有實質的支持。但台灣的情況不然，我主編《乾坤》詩刊古典詩詞，一則是成人之美，二則是振興、整合新詩與古典詩詞，沒有任何協助，自己還要賠時間，貼金錢。我發起成立的「中華古典詩詞研究所」更只有我和張漱菡、畫餅樓主三位「個體戶」。我們分別研究寫作，朝共同目標努力，不作任何社會活動。我六十年來一心讀書、寫作，與人爲善，但一切反求諸己，不要求別人，不講空話。台灣商務印書館出版拙作《全唐詩尋幽探微》、《全唐宋詞尋幽探微》，早於北京「中華詩詞學會」創辦會刊《中華詩詞》六、七年，早於「上海詩詞學會」一九九六年編印的《上海近百年詩詞選》八、九年。他們是集體努力而又有後援所累積的成果；我則是單獨的孤軍奮鬥。不過這也足以證明：如果兩岸詩人如此長期分途努力，不但可以維繫古典詩詞的優良傳統於不墜，更可以再創古典詩詞的輝煌成果，對中國文學作出更大的貢獻。

以古典詩而言，唐宋是兩個非常重要的朝代，但讀者多重唐輕宋，其原因何在？則很少人能具體地講出來，也不大明白造成宋詩不如唐詩的癥結所在。這種全憑「感覺」造成的印象，難以達成共識，也不公平。而謂宋不如唐者，究竟讀過全唐詩、全宋詩沒有？就我所知，一位也沒有。何以沒有？因爲全唐詩原有四萬九千八百餘首，近年又經大陸補充，更不止此數。這幾十年來，台灣各界都跟著美國流行文化走，大家忙著賺錢，忙著吃漢堡、速食麵，忙著早晨種樹、晚上乘陰，誰有耐性去讀、去研究不是流行文化的全唐詩、全宋詩？何況全宋詩更遠遠多過全唐詩！唐詩最多的作者是大詩人白居易，但白居易只有二千八百三十七首，而李白、杜甫兩人的詩加起來還少白居易兩百五十四首。而全宋詩作者人數已考知者即不下九千人，超過全唐詩作者兩千兩百餘人的四倍。全宋詩作者僅南宋陸游一人就有九千多首，楊萬里更有兩萬多首，他們兩人的作品幾達全唐詩的四分之三。再加上其他詩人如北宋的文彥博、歐陽修、蘇東坡、梅堯臣……等，也多動輒兩三千首。宋朝詩人數既超過唐朝詩人四倍、作品數量更超過全唐詩十倍。在美國流行文化、速食文化盛行台灣很久，又已擴及大陸的今天，試問有幾個大傻瓜肯去讀全唐詩、全宋詩呢？我是在《全唐宋詞尋幽探微》完稿之後就開始陸續閱讀圈點全宋詩的，先後十年了，不是一口吃下去的。

現在不妨談談我讀全唐詩、全宋詩的感受，和一般讀者謂宋不如唐的癥結。

唐朝的帝王后妃大多能詩，而且尊重詩人。唐明皇不但尊重詩人，而且還是詞的催生者。他對李白的禮遇，無以復加，當賀知章荐李白於明皇時，明皇在金鑾殿召見、賜食，親爲調羹，又詔爲供奉翰林，可見優遇。李白嗜飲，經常與酒徒飲於長安市。有一天明皇在沉香亭賞花，召李白作樂章，李白已醉，明皇不以爲怪，命左右以水噴面，李白稍醒，成清平調三闋，又命李龜年歌唱。而李白那三闋清平調也成了李白的傑作。

孟浩然是一位没有功名的詩人，四十歲才遊京師，與張九齡、王維爲忘形交。王維私邀入署，適明皇至，匿於床下。維以實對，明皇很高興，叫孟浩然出來。孟浩然有一首《歲暮歸南山》五律，其中一聯是：「不才明主棄，多病故人疏。」明皇讀到「不才明主棄」，便對他說：「卿不求仕，朕未嘗棄卿，奈何誣我？」在專制時代，「不才明主棄」，是不敬的話，可以構成文字獄，但唐明皇沒有爲難他。因爲他自己也是詩人，他有詩六十三首。自太宗以下，如高宗、中宗、睿宗、肅宗、德宗、文宗、宣宗，都是詩人。宣宗更愛與學士唱和，公卿出鎮，更賦詩餞行，愛才若渴。他有《弔白居易》七律一首如後：

綴玉聯珠六十年，誰教冥籍作詩仙？
浮名不繫名居易，造化無爲字樂天；
童子解吟長恨曲，胡兒能唱琵琶篇。
文章已滿行人耳，一度思卿一愴然。

宣宗對白居易了解之深，情詞之切，於此可見。他的另一首七律《百丈山》也不同凡響，詩如後：

大雄眞跡枕危巒，梵宇層樓聳萬般。
日月每從肩上過，山河長在掌中看；
仙峰不間三春秀，靈境何時天月寒。
更有上方人罕到，暮鐘朝磬碧雲端。

這首詩吐屬不凡。「日月每從肩上過，山河長在掌中看，」口氣很大，而後四句意境也高。

宋朝有沒有這種的帝王呢？不但沒有，而且剛好相反！「烏台詩案」就是一大文字獄。所謂「烏台詩案」，起因於蘇東坡「題友人王復門前雙檜」二首詩中的一首，這首詩是：

凜然相對敢相欺，直幹凌霄未要奇。

根到九泉無曲處，世間唯有蟄龍知。

就是因爲「蟄龍知」三個字，坐蘇東坡對皇上神宗不敬之罪，險些要了蘇東坡的性命。出獄後就貶到黃州。這不但對蘇東坡是一重大打擊，對其他詩人也有殺雞儆猴的作用。

接著哲宗元祐初年又有黨籍事件，這雖然起因於政爭，實際上也是文字獄。這一大案件株連甚眾，蘇東坡便在哲宗紹聖元年再貶惠州。而秦少游、黃庭堅、張耒等蘇門四學士均先後坐黨籍貶官監管。不僅此也，凡與蘇軾有交往者無一倖免。而最不幸者則是徽宗朝詩人、詞人、歷任官校書郎、翰林學士、兵部侍郎的王寀。王寀死因表面上的理由是因徽宗聽林靈素讒言而下獄棄市。但依據林靈素侍宴徽宗時，見元祐「黨人碑」而稽首，上怪問之，對曰：「碑上姓名皆天上星宿，臣敢不稽首？」因而寫詩一首如下：

蘇黃不作文章客，童蔡翻爲杜稷臣。

三十年來無定論，不知奸黨是何人？

林靈素見「黨人碑」而稽首，且作此七絕，直指童貫蔡京反爲重臣之不當。「三十年來無定論，不知奸黨是何人？」這是一種大膽的抗議，亦是詩諫。從這首詩看來，林靈素並非「妖道」，而是徽宗借刀殺人。「黨人碑」就是徽宗崇寧二年（一一〇三）建立於各州縣的。林靈素侍宴時見的「黨人碑」必然在汴京，更可能在宮廷內。在這種大興文字獄而且連續「三十年」的情況下，詩人怎不提心吊膽？怎能寫出好詩來？而且一而再，又再而三地造成文字獄。

高宗時多次擊敗金兵的威武大將軍曲端，有一《題柱》詩聯：「不向關中興事業，卻來江上泛漁舟。」也以人不敬之罪入獄，而且冤死在恭州監獄中，他比岳飛還早死十年。

以上三件大事，都是不同形式的文字獄，影響宋詩的創作很大。

另外影響更爲深遠而不著痕跡，一般人看不出來的則是周、程、朱的假道學——理學。周敦頤（一〇一七—一〇七三），爲宋代道學創始人之一，程顥程頤兄弟出其門下。寧宗嘉定十三年（一二二〇）賜謚元公，理宗淳祐元年（一二四一）從祀孔子。

周敦頤研究易經重「象」，捨本逐末。不如他的先進邵雍（一〇一一—一〇七七）攻「數」，正本清源，掌握宇宙自然法則正確。因而產生了以人類行爲法則曲解宇宙自然法則之大弊。宇宙自然法則爲宇宙自然定律，如日月運行，有其自然軌道，不可變易，變則自毀，所謂「逆天者亡也」。人造衛星亦復如此。人類行爲法則卻因時、因地、因種族而異。如交通規則，有行人車輛靠右行者，亦有行人車輛靠左行者，因地而異。人類婚姻制度亦因種族而異，都有其局限性。因爲這只是地球上的人類行爲法則，非宇宙自然法則。在一定的小範圍內可以各依規矩行爲，違者則受懲處。自然法則如兩性結合可生子女（父母），同性戀結婚則不能生育，因違反宇宙自然法則也。所以人類以倫理道德觀念禁止同性戀很難，而宇宙自然法則卻處其斷子絕孫，亦必然結果。

周敦頤雖是宋代道學的創始人，但周、程、朱既非眞正的道家，亦非眞正的儒家。他們是披著道家的外衣，依附孔子的本體，達到了陪著孔子吃冷豬肉的目的，並沒有自己的「道學」體系。老實說，不了解老子與釋迦牟尼的宇宙觀與宇宙本體論，就不能眞懂易經。摸「象」何能成「家」？何況「象」有眞僞，「凡所有相（象與相通）皆是虛妄」。他們天眼不通，更別談慧眼、法眼了。他們完全不知道超物質世界的情況，連此物質世界的「象」都摸不準。老子、釋迦牟尼不然，他們當時已與宇宙同一體，所以無所不知，連孔子在見過老子之後都出來告訴他的大弟子顏回說：

「丘之於道也，其猶醯雞與！微夫子之發吾覆也，吾不知天地之大全也。」（一般人將易經也視爲孔子的專利，則不可思議。）

所謂「醯雞」，是甕中酒上的蠛蠓；所謂「天地之大全也」就是宇宙的本體和萬象。由此可見老子對宇宙形成發展的自然法則是十分淸楚的。孔子尙未懂，周、程、朱那就不必談了。其所以能先後配祀孔子者，最大的原因是「正合朕意」而已。這是對中國有生命力、最有科學精神與統合能力的道家思想文化的第二次大傷害，也是對文學性靈發展的障礙。所以宋詩自周敦頤以後即少生命力，這就是爲何「宋不如唐」的最大原因之一。邵雍則比周、程、朱都高，他不但不想吃冷豬肉，皇帝三次徵召他都不起。他有一首「恍惚吟」就是他修道（不像周、程、朱的「講學」、「講道」）的體驗。詩如後：

恍惚陰陽初變化，氤氳天地乍迴旋。
中間些子好光景，安得功夫入語言。

周、程、朱就寫不出這種詩來。因爲他們沒有修行「體驗」。周的大弟子程顥的《下山偶成》卻是這樣寫的：

襟裾三日絕塵埃，欲上籃輿首重迴。
不是吾儒學經濟，等閒爭肯出山來？

什麼是假道學？這才是不折不扣的假道學，而且有酸腐的頭巾氣！孔子也沒有這種弟子。周、程、朱的以教育手段「講學」、「講道」，以假亂眞，後果太嚴重了！

宋詩雖然受了宋朝文字獄、黨籍事件和周、程、朱假道學的負面影響，受了頓挫，降低了活力，這是宋詩不如唐詩之處。但大體說來，宋朝詩人還是很有貢獻的。如果蘇東坡不是受了「烏台詩案」，和黨籍事件的重大打擊，他晚年應有更好的作品，結果他只好消極的和和陶詩，這不但是他個人的損失，也是宋詩的損失。在提升宋詩思想境界方面貢獻最多的還是佛、道兩家人物和閨閣、青樓女子。因爲他們沒有功名利祿心，更不想吃冷豬肉，不失眞我，所以留下了不少好詩，但佚失的可能更多。因爲他們沒有政治地位，甚至不想留下姓名在人間。而有很多只有一兩首詩的作者，往往首首都是好詩，反而是動輒一兩千首的進士們，好詩太少太少。請讀者特別留意那些沒有功名的作者，我對每位作者的作品都提出我的淺見，不能在本文中再一一指名道姓。我只引幾首各有代表性的詩來給讀者先行參考欣賞。

歸隱　陳摶

十年蹤跡走紅塵，回首青山入夢頻。
紫綬縱榮爭及睡，朱門雖富不如貧；
愁聞劍戟扶危主，悶聽笙歌聒醉人。
攜取舊書歸舊隱，野花啼鳥一般春。

題漢洲妓項帊羅　張俞

蜀國佳人號細腰，東台御史惜妖嬈。
從今喚作楊台柳，舞盡春風萬萬條。

登飛來峰　王安石

飛來峰上千尋塔，聞説雞鳴見日昇。
不畏浮雲遮望眼，自緣身在最高層。

與錢忠　吳江女子

昨日相逢小木橋，風牽裙帶纏郎腰。
此情不語無人覺，只恐猜疑眼動搖。

洗兒戲作　蘇東坡

人皆養子望聰明，我被聰明誤一生。
惟願孩兒愚且魯，無災無難到公卿。

寄　父　　王　氏

西風不入小窗紗，秋氣應憐我憶家。
極目江南千里恨，依然和淚看黃花。

寄賀方回　　某　女

獨依危欄淚滿襟，小園春色懶追尋。
深恩縱似丁香結，難展芭蕉一寸心。

無　寐　　朱淑眞

背彈珠淚暗傷神，挑盡寒燈睡不成。
卸卻鳳釵尋睡去，上床開眼到天明。

示　兒　　陸　游

死去原知萬事空，但悲不見九州同。
王師北定中原日，家祭毋忘告乃翁。

昨夜飲散未眠偶成拙頌錄呈武功寺丞若猶未棄無惜開示　　文彥博

以幻能除幻，居塵不染塵。

略於歌舞地，聊現宰官身；
有法猶爲滯，無心乃是眞。
還將所得趣，試問悟空人。

以上所引詩，陳摶是道家，不但詩好，也表現了道家思想。張兪没有功名，自號白雲居士，詩富才情。王安石是北宋右相、大政治家，高瞻遠矚。「登飛來峰」後兩句，當美國副總統高爾在台海中美關係緊張後奉柯林頓命專訪北京會見中共國家主席江澤民先生時，江曾當面適時引用，恰到妙處，亦可見其學問。吳江女子無姓名，爲漁家女，其詩才情極高，生動之至。蘇東坡爲宋朝大詩人，名士、才子，但官運不濟，此詩乃肺腑之言，常被官場引用。王氏亦無名字，爲王安石之女，才情甚高。某女無名無姓，爲賀方回所眷妓，才高於賀方回。朱淑眞爲南宋著名才女，詩詞均佳，詩更高於多於李淸照。陸游爲愛國詩人，詩有九千多首，詩詞俱佳。文彥博爲北宋名臣，出將入將五十餘年，壽高九十二，福慧雙修，是眞悟道，其詩禪意甚深，一般人不易體會。宋詩好的很多，不能說宋不如唐。宋詩數量超過唐詩十倍，詩人十之七八也是詞人，宋詞的質量更非唐人能及。宋朝詩人如非文字獄和黨籍事件以及理學的負面影響，貢獻一定更大。我曾以客觀的態度寫下《讀全宋詩》七言絕律五首抄錄如后，作爲本文的總結。

烏台詩案東坡淚，黨籍碑中天上星。
王宋可憐遭棄市，曲端無罪死囚刑；

精忠報國岳鵬舉，視死如歸文一經。（註一）
北定中原成大夢，放翁去後未安靈。

其　二

彥博圖南一點通，邵雍永叔自圓融。
幽棲腸斷西風裡，蘭若青樓二月風。

其　三

方外青樓一句詩，萬千進士盡低眉。
功名心在無眞我，仄仄平平亦魅魑。

其　四

東坡居士口頭禪，鄒浩孤臣更倒顚。
念念心心思聖主，聲聲口口要歸田；
孤家天下書牛淚，萬里江山紫塞煙。
趙李曹劉無你我，白衣一襲五湖船。

其　五

唐宋詩詞萬世師，西風難與東風期。
東風一夜花爭發，瑟瑟西風隱魅魑。

註一：文天祥《過零丁洋》詩首句：「辛苦遭逢起一經」。意指他以精通儒學經典而考取狀元出仕。文天祥爲儒家代表人物，周、程、朱非也，故拙詩中以「文一經」代之。又全宋詩數量十倍於全唐詩，故南宋詩僅擇其大要者如陸放翁、楊萬里、朱熹、汪元量、文天祥等少數作品論列。以後如情況好轉，再撰續集。

註二：今年是我來台五十周年，文學創作六十周年，又是八十賤辰。《全宋詩尋幽探微》、長篇小說《娑婆世界》、《墨人詩詞詩話》、《墨人文學生涯六十年》四本書，正好湊在年內出版，作爲紀念。以道家的觀點來說是定數，以佛家的觀來說是因緣。而這本《全宋詩尋幽探微》又率先出版，我校完之後，覺得心血並未白費。此四本書將同時廣贈兩岸有識之士共享，以盡綿薄。富貴於我如浮雲，我退休十餘年來，即作「文學義工」，今後仍將續作「文學義工」，不死不休也。

己卯（一九九九）六月三十日於紅塵寄廬中華古典詩詞研究所

附錄：一代宗師老墨人

畫餅樓主

小說誰堪讀與吟？紅樓夢後有紅塵。（註一）
曹公未竟人成歿，墨老寫完病上身。（註二）
自古聖賢皆寂寞，從來奸佞賣靈魂。（註三）
利名都給猢猻輩，慧業千秋孰可倫？（註四）

忘年之交墨人老居士即將八十大壽，又逢來臺整整五十年，同時也是他從事文藝創作（新詩和小說）一甲子，「三合一」紀念，可喜可賀。忝爲知音，豈可無「禮」；這禮就是文前這首七律。文藝界人士大都曉得墨人，以小說創作爲主，並以新詩爲副，孰不知此老卻是古典詩詞一大「裡手」（湖南人稱行家曰裡手），只不過他從未輕易示人；若非機緣成熟，與桐城才女張漱菡和畫餅樓主，三人合組「中華古典詩詞研究所」，極可能這位不苟流俗的「在家的出家人」（墨老佛道雙修，受過「菩薩戒」，可稱得上是「今之古人」），永遠深藏不露下去。

墨老的幾部近作，筆者曾加細讀，諸如長篇小說《紅塵》、《全唐詩尋幽探微》、《全唐宋詞尋幽探微》，以及大陸出版的《張本紅樓夢》，共識之處頗多。尤其他那一百六十萬言的《紅塵》，不但可與曹雪芹的《紅樓夢》媲美，若論宏觀格局，實較《紅樓夢》有以過之。

除了以上幾部外，墨老在七十九歲和八十歲短短兩年時間，又完成兩部新著：一是四、五十萬字的長篇佛道「弘法」小說《娑婆世界》，一是《全宋詩尋幽探微》，我希望出版後先睹爲快，而且我也更深信，其中必有意想不到的寶藏。（其實老墨人本身，便是一塊「活寶」或「國寶」；只是中國文學隨國運而歷劫，黃鐘毀棄，瓦缶雷鳴。）

〔附註〕

註一：一般文藝小說，只能看，不能讀，更無法吟而咏之；只有紅樓夢和紅塵可以讀，可以吟咏，令人盪氣迴腸！

註二：曹雪芹先生書沒寫完，竟然饑寒交迫，抑鬱而終。墨人先生告訴我，他勉力完成《紅塵》大長篇後，旋即病倒，後遺症耳鳴到現在還經常發作。我告訴墨老，我也有左耳偶鳴之症，但我當作「聽蟬」。他笑著說，也「只好如此」了！

註三：「自古聖賢皆寂寞」是成語，「從來奸佞賣靈魂」是筆者「創作」的聯語，矛頭指向當今文化界和文藝界中，一群「頭重腳輕根底淺，嘴尖皮厚腹中空」的二半調子。

註四：墨人老居士一向採「主動靠邊站」態度，當然這和他佛道雙修有關。不過筆者認爲，文學、藝術皆千秋慧業，一時可以不爭，千秋還是要爭的。只是生祠多歸魏忠賢之輩，自古皆然，於今尤烈！

（原載一九九九、六、十三世界論壇報《世論新語》）

一九九六年十一月三日，《文訊》雜誌鄧惠文小姐攝於墨人博士寓所，與馮季眉小姐專訪文章同時刊於《文訊》十二月號，圖右尚非墨人全部作品，左爲英、美、義、印度等國出版的國際名人傳記、辭典、世界詩選、小說選等英、德文書籍，均載有墨人傳記、作品，並非全部。

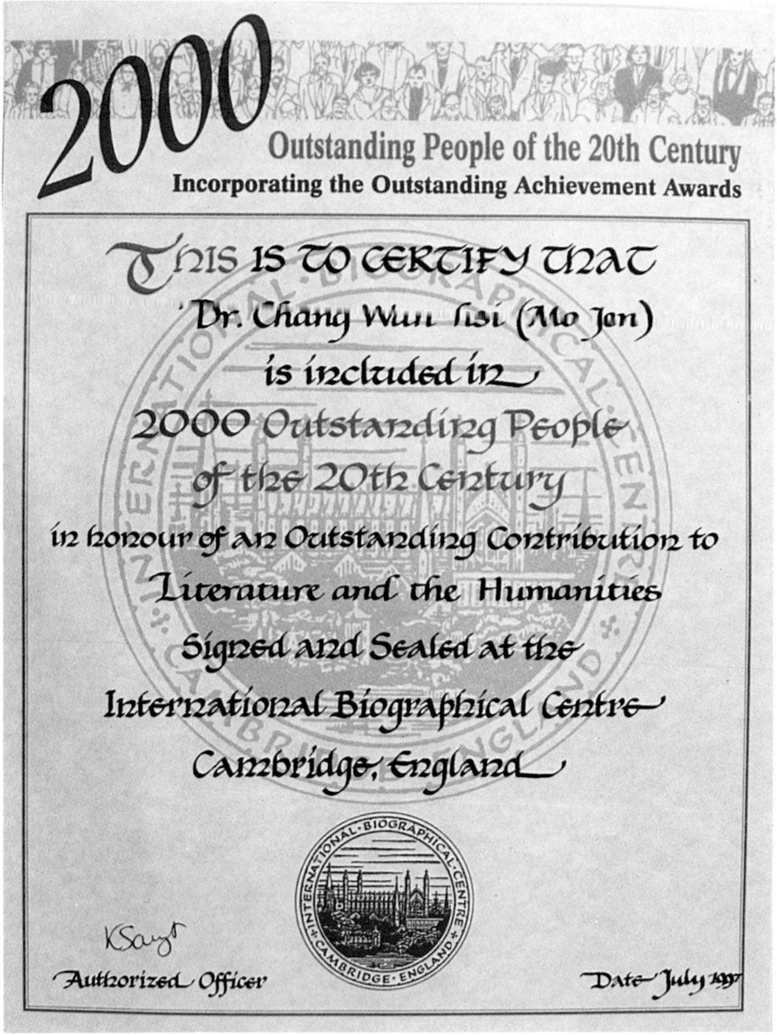
2000
Outstanding People of the 20th Century
Incorporating the Outstanding Achievement Awards

THIS IS TO CERTIFY THAT
Dr. Chang Wun Sisi (Mo Jen)
is included in
2000 Outstanding People
of the 20th Century
in honour of an Outstanding Contribution to
Literature and the Humanities
Signed and Sealed at the
International Biographical Centre
Cambridge, England

Authorized Officer

Date July 1997

英國劍橋國際傳記中心一九九八年出版《二十世紀二千位傑出人物傳記》，將授予墨人博士「文學與人文學傑出貢獻」證書。

一九九五年英國劍橋國際傳記中心頒贈墨人博士文學貢獻獎狀

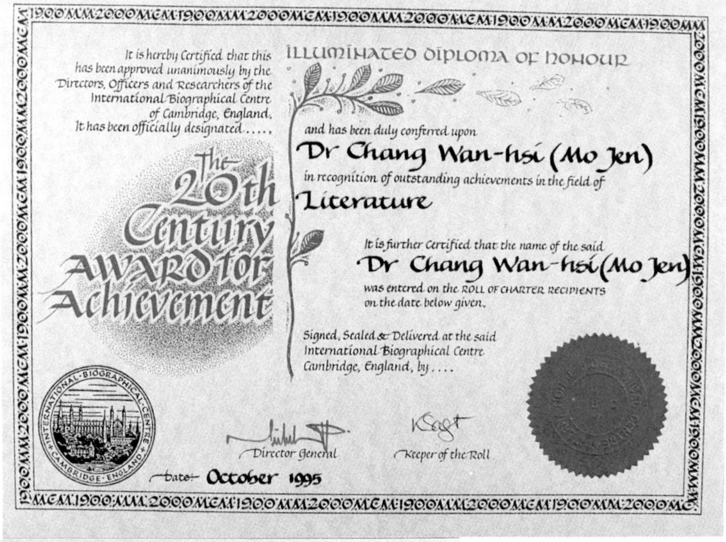
ILLUMINATED DIPLOMA OF HONOUR

It is hereby Certified that this has been approved unanimously by the Directors, Officers and Researchers of the International Biographical Centre of Cambridge, England. It has been officially designated.....

The 20th Century Award for Achievement

and has been duly conferred upon
Dr Chang Wan-hsi (Mo Jen)
in recognition of outstanding achievements in the field of
Literature

It is further Certified that the name of the said
Dr Chang Wan-hsi (Mo Jen)
was entered on the ROLL OF CHARTER RECIPIENTS on the date below given.

Signed, Sealed & Delivered at the said International Biographical Centre Cambridge, England, by....

Director General

Keeper of the Roll

date October 1995

Twentieth Century

Achievement Award

The Board of Directors of the American Biographical Institute sitting in the United States of America recognizes

Dr. Chang Wan-hsi (Mo Jen)

as most admirable and whose career achievements and social contributions have been selected for permanent documentation in

Five Hundred Leaders of Influence

designed for biographical reference and inspiration for present-day citizens of the Twentieth Century as well as future generations.

Registrar

Original Volume of *Five Hundred Leaders of Influence* on Permanent Record and Display at the U.S. Library of Congress, Washington, D.C. Publication Date: Late 1998

美國傳記學會出版的「二十世紀五百位有影響力的領袖」特別推崇墨人博士的文學與社會貢獻並頒發獎狀

Albert Einstein (1879-1955)
International Academy Foundation (Founded 1965)

25th May, 1990.

Prof. Dr. Wan-Hsi Mo Jen Chang, D.Litt.(Hon.)
14, Alley 7, Ln. 502
Chung-Hoe St.
Peitou
Taipei, Republic of China

Dear Professor Chang,

This is to certify that today the Twenty-Fifth day of the month of May, in the year of our Lord Nineteen Hundred and Ninety, you have been awarded the degree of Doctor of Humanities (Honoris Causa) - D.H.(Hon.) with all the honors, rights, privileges, and dignity pertaining to such a degree.

Yours sincerely,

Dr. Marcel Dingli-Attard
de' baroni Inguanez,
President of AEIAF and
Special Representative of International Association of Educators for World Peace, NGO, United Nations (ECOSOC) & UNESCO, to AEIAF.

Protocol:6/90/AEIAF/MDA/W-HMJC/KS

設於美國的艾因斯坦國際學院基金會一九九〇年授予墨人的人文學博士證書（西班牙司法部長簽名西班牙文證書不重刊）

Marquis Giuseppe Scicluna (1855-1907)
International University Foundation (Founded 1973)

21st June, 1988.

Protocol:61/88/MDA/CWHMO/MLA

Prof. Wan-Hsi Mo Jen Chang
14, Alley 7, Ln. 502
Chung-Hoe St.
Peitou, Taipei, Republic of China

Dear Professor Chang,

This is to certify that today the twenty-first day of the month of June, in the year of our Lord Nineteen Hundred and Eighty-eight, you have been awarded the degree of Doctor of Literature (Honoris Causa) - D.Litt.(Hon.) with all the honors, rights, privileges and dignity pertaining to such a degree.

Yours sincerely,

marcel Dingli-Attard
de baroni Inguanez.

Dr. Marcel Dingli-Attard
de' baroni Inguanez,
Registrar and General Secretary.

ANIMO ET FIDE

設於美國的國際大學基金會一九八八年授予墨人的文學博士證書（西班牙司法部長簽名西班牙文證書不重刊）

WORLD UNIVERSITY ROUNDTABLE

In Corporate Affiliation with the World University

Greetings

In recognition of Distinguished Achievement within the principles and purposes of the World University development, the Trustees of the Corporation, upon the nomination of the Secretariat, confer doctoral membership and this honorary award upon

Chang Wan-Hsi (Mo Jen)

The Cultural Doctorate in Literature

with all rights and privileges there to pertaining.

Witness our hand and seal at the International Secretariat Regional Campus, Benson, Arizona
April 17, 1989

President of the Board of Trustees

Secretary of the Board of Trustees

設於美國的世界大學一九八九年
授予墨人的文學博士證書

ACCADEMIA ITALIA
ASSOCIAZIONE INTERNAZIONALE
PER LA DIFFUSIONE E IL PROGRESSO DELLA
UNIVERSITÀ DELLE ARTI
43039 SALSOMAGGIORE TERME PR - ITALY

DIPLOMA DI MERITO

per la particolare rilevanza dell'opera
svolta nel campo della Letteratura

conferito a

Chang Wan Hsi

Il Rettore
Nicolò Panepinto

Salsomaggiore Terme, addì 20.12.1982

義大利出版英、法、德、義四種文字的
「國際文學史」的ACCADEMIA ITALIA
一九八二年授予墨人的文學功績證書

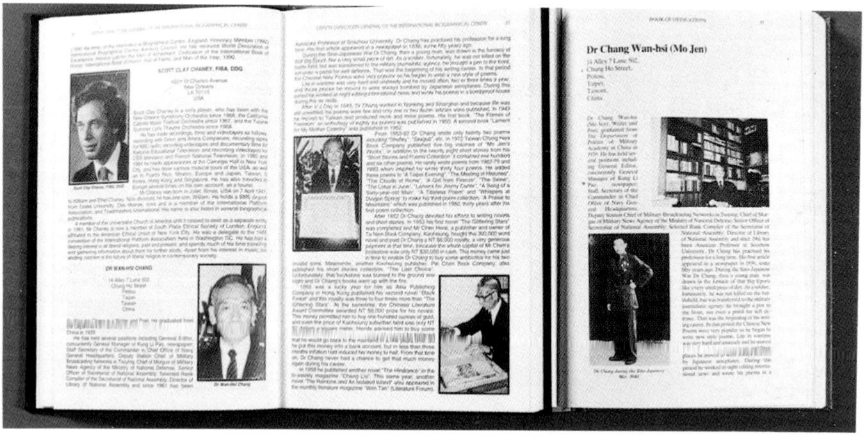

英國劍橋國際傳記中心一九九○年出版的英文本《奉獻》，係將世界各國各方面有重大供獻的人物事跡撰成傳記出版，而墨人的傳記又佔最多篇幅，配合照片共有五頁，詳實介紹他五十多年的創作生涯（右）。 一九九五年出版的副董事長傳記（左）墨人又佔最多篇幅。

墨人博士七十歲前後完成，在台灣新生報連載四年後出版的一百六十餘萬字（按版面計算則達兩百萬字）的空前大長篇小說《紅塵》四冊封面照片。

全宋詩尋幽探微

陳摶

陳摶（？—九八九），字圖南，人稱白雲先生，自號扶搖子，亳州眞源人（今河南鹿邑）人，後唐明宗長興中，舉進士，不第，遂隱居武當山二十餘年。後又隱居華山雲臺觀，止少華石室。後周召爲諫議大夫，不受。宋太祖太平興國時朝京，賜希夷先生。端拱二年（己丑、九八九）年卒。有詩六百餘首。已散佚。《宋史》卷四五七有傳，《全宋詩》錄其詩十六首。

陳摶是中國道家高人，一位重要人物，傳說不少，與唐朝呂巖（洞賓）、韓湘（子）類似。呂洞賓在咸通中（約八六〇—八一四）舉進士，不第。遊長安酒肆，遇鍾離權得道。韓湘爲韓愈侄孫，韓愈曾強迫他與權貴結秦晉，不聽，愈謫藍關時，湘送，同傳舍，愈作詩留之：

才爲世用古來多，與子雄文世孰過？

好待功名成就口，卻收身去臥煙蘿。

韓湘答詩以去。詩云：

舉世都爲名利醉，伊予獨向道中醒。
他時定是飛昇去，衝破秋空一點青。

韓湘後果得道，即八仙之一，爲韓湘子。但他只留下這一首詩，呂洞賓卻有詩二五二首、兩句。而且呂的詩有不少是有關修道方法和境界的，詩的境界也高。唐詩中以佛道雙修的寒山子，佛家的豐干、拾得，道家的呂巖、韓湘境界最高。寒山自言有詩六百首，《全唐詩》中也收了三一一首。而《全宋詩》中則僅收陳摶六百多首詩中的十六首，實在太少了！十分可惜。可能因爲五代是個亂世，陳摶也沒有好好保留他的作品。他考進士時是在九三〇—九三三之間，他出生年月雖不可考，但以此推算，應是後梁太祖朱全忠開平（九〇七）間生，甚至是唐末時人，如以開平至長興中，舉進士不第時間計算，亦不過二十歲左右，這種年齡應試是很可能的。他卒於端拱二年（九八九），應該享年八十以上。他除了詩以外，還留了一本相書。他的字也寫得很好，留有「開張天岸馬，奇逸人中龍」對聯。我在一百六十萬字的大長篇《紅塵》第一章就引了他這副墨寶，作爲龍府的傳家之寶。《全宋詩》中他的十六首詩之一的七律《歸隱》，不但格律嚴謹，功力高，境界亦高，我也在《紅塵》第一章中引用了。詩如下：

十年蹤跡走紅塵，回首青山入夢頻。

紫綬縱榮爭及睡？朱門雖富不如貧；
愁聞劍戟扶危主，悶聽笙歌聒醉人。
攜取舊書歸舊隱，野花啼鳥一般春。

這首七律大概是後周太祖（九五一—九五三）郭威召他爲諫議大夫不受之後寫的。五代動亂，稱帝稱王者多在三、五年間，在位最長的後梁末帝朱友貞亦不過十年，在位最短的後唐閔帝僅四個月，都是「危主」，所以他不願淌這種渾水，玩這種短命的政治遊戲。詩言志，陳摶志在青山，野花啼鳥。至於說到「睡」，他可不是瞌睡蟲，更非貪睡，他有《贈金勵睡詩》二首，其中大有文章，且看他第二首睡詩：

至人本無夢，其夢本遊仙。
其人本無睡，睡則浮雲煙；
爐裡近爲藥，壺中別有天。
欲知睡夢中，人間第一玄。

從這首詩可知他是莊周之徒，他字圖南，即出自莊子《逍遙遊》。這是一首有關道家修行的詩，最後兩句「欲知睡夢裡，人間第一玄。」更是關鍵所在。睡不是「眞睡」，而是「放下」，無論修道學佛，難在「放下」，一旦「眞的放下」，即可「明心見性」，見「性」即見「眞我」，肉身只是「眞我」的載體，是一種假的合相。「放下」也就是「無爲」，道家佛家均重「無爲」，無爲而后無所不爲。所以陳摶說「欲知睡夢裡，人間第一玄。」這「人間第一玄」也就是老子所說的「玄之又玄，衆妙之門。」陳摶是道家高人，所以他的詩不止於文學，意在言外，境界高人一等。他的七絕「詩一首」，不但高雅，亦可見其修行成就：

華陰高處是吾宮，出即凌空跨曉風。
臺殿不將金鎖閉，來時自有白雲封。

這首詩是寫他在華山的隱居修行生活，完全與大自然融爲一體。第二句「出即凌空跨曉風」，不僅是行動飄逸，很可能他已經突破物質世界的時空障礙，來去自如了。佛道兩家修行有成者，都有化身，乃至千百億化身。陳摶應是呂洞賓一流人物。所以他的詩也不同凡響。

他還有一首《辭上歸進詩》，應是後周太祖（在位三年）或世宗（在位六年）召他爲諫議大夫，不受，辭歸後的答詩。這首五律較之七律《歸隱》，吐屬更爲明確：

草澤吾皇詔，圖南摶姓陳。
三峰千載客，四海一閒人；
世態從來薄，詩情自得眞。
乞全麋鹿性，何處不稱臣？

此詩七、八兩句，《五代史補》作「超然居物外，何必使爲臣?」。第三句《五代史補》作「十年客」，均不合陳摶心性和身分。他「舉進士不第，遂隱居武當山二十餘年」，

「又稱居華山雲臺觀，止少華石室」。所以「三峰十年居」與事實不符。「三峰千載客」，不但在韻律上更和諧，還有可能是暗示他的「來歷」。正如拾得詩「從來是拾得，不是偶然稱。……若問年多少？黃河幾度清。」一樣。修道學佛者，很難一世修成。豐干說：「寒山文殊，拾得普賢。」證明他們都是「再世佛」，連六祖惠能亦復如此。我看陳摶亦非等閒之輩，定有來歷。所以《全宋詩》中用「三峰千載客」，比較合理；而用「乞全麞鹿性，何處不稱臣？」則遠不如「超然居物外，何必使爲臣？」符合佛道人物不事王候、超然物外的身分。俗人重富貴：佛道中人視富貴如浮雲。這並非他們矯情，而是他們的宇宙觀遠遠超越娑婆世界人生觀。歷代帝王乃至當今「以權謀私」的政治人物，都以爲個把尚書或特任官就可以使人就範臣伏，但這只能用之於孔孟之徒的進士們和今天的博士碩士群，用之於老莊釋家人物必然失靈，而掛羊頭賣狗肉者，則不足以語此。陳摶是以行動和詩達心聲，說的十分明白。所以文學不是文字遊戲，也不是「香爐人人插」的，文學之上有更高者存焉。

孟賓于

孟賓于，字國儀，號玉峰叟。連州（今廣東）人。後晉天福九年（九四四）進士。馬殷辟爲零陵從事。南唐時，授豐城簿，遷淦陽令。宋太宗太平興國中，歸老連上。年八十三卒，有《金鰲集》，已佚。《全宋詩》錄其詩十首，十六殘，其《公子行》七絕，爲農夫鳴不平，可取。

錦衣紅奪彩霞明，侯曉春遊向野庭。
不識農夫辛苦力，驕驄踏爛麥青青。

孫光憲

孫光憲（?—九六八）字孟文，自號葆光子，陵州貴平（今四川仁壽東北）人。仕南平三世，累官荆南節度副吏、朝議郎、檢校秘書少監、試御使中丞。入宋，爲廣州刺史。太祖乾德六年卒。有《北夢瑣言》傳世。《全宋詩》錄其詩九首。其《採蓮》與《竹枝詞》第一首，均有新意。

採　蓮

菡萏香連十頃陂，小姑貪戲採蓮遲。
晚來弄水船頭濕，更脫紅裙裹鴨兒。

這首七絕沒有半點頭巾氣，是活生生的村姑畫像，也是活的文學。

竹枝詞

門前春水白蘋花，岸上無人小艇斜。
商女經過紅欲暮，散拋殘食飼神鴉。

這首七絕也是詩中有畫，是農業社會鄉村易見的景象。其殘句「窗外有時留客宿，室中無事伴僧眠」，亦別有風趣。

劉洞

劉洞（？—九七五）南唐時隱居廬山。後主召見，獻詩百篇，不報，遂還。宋太祖開寶八年卒。《全宋詩》僅得其《石城懷古》五絕一首，二殘句。《石城懷古》詩簡意賅。

石城古岸頭，一望思悠悠。
幾許六朝事，不禁江水流。

其「千里長江皆渡馬，十年養士得何人？」殘句，亦多感慨。

何承裕

何承裕，字仕進，韶州曲江（今廣東韶關）人。後晉天福末進士。累官至著作佐郎，直史館。出爲盩厔、咸陽縣令。宋太祖開寶三年（九七〇），自涇陽令入爲監察御史。歷侍御使，累知忠、萬、商三州。太宗太平興中卒。僅有《寄宣義英公》七律一首，使讀者如見英公其人。僅此一首，勝過他人十首。

書札精奇已換鵝，仍聞依舊臥煙蘿。
詩成萬首猶嫌少，酒飲千鍾不怕多；
鄉寺夜開雲夢月，石房寒鎖洞庭波。
知師收拾南歸去，爲憶漁人唱楚歌。

徐鉉

徐鉉（九一七—九九二），字鼎臣，廣陵（今江蘇揚州）人。早歲與韓熙載齊名，江東謂之「韓徐」，又與弟鍇並稱「二徐」。仕南唐，累官至吏部尚書。入宋，爲太子率更令，太宗太平興國初，直學士院。八年（九八三），出爲右散騎常侍。淳化二年（九九一），以廬州女僧道安誣陷事，貶靜難軍行軍司馬。三年，卒於邠州。著有文集三十卷，《質疑論》等。《全宋詩》收其詩十卷，共四二四首，三殘句。

徐鉉詩不可謂不多，但我數年間細讀兩遍，仍覺叩人心弦性情之作甚少。我最欣賞的則是《觀人讀春秋》五絕。這首詩直指世道人心，不因時移勢易而變，可見其感慨之深。詩如下：

日覺儒風薄，誰將霸道羞？
亂臣無所懼，何用讀秋春？

另兩首寄故人五律，則較多感性。

九月三十庭雨寄故人

獨聽空階雨，方知秋事悲。
寂寥旬假日，蕭颯夜長時；
別念紛紛起，寒更故故遲。
情人如不醉，定是兩相思。

聞雁寄故人

久作他鄉客，深慚薄宦非。
不知雲上雁，何得每年歸？
夜靜聲彌怨，天空影更微。
往年離別淚，今夕重霑衣。

而「聞雁」則較「夜雨」爲佳。同是「觸景生情」之作，但「聞雁」寫得比較具體，較富具象美。但兩首詩的對仗，都欠工穩。倒是七絕《春夜月》和《柳枝詞》十二首，可見其性情。分別選錄，以供比較。

春夜月

幽人春望本無情，況是花繁月正明。
竟夕無言亦無寐，繞階芳草影隨行。

這是一首寫幽人花晨月夕，無言無寐，春情寂寞的詩，心裡狀態表現很好，「繞階芳草影隨行」，意象豐富。詩固可言志，但抒情仍是基調，這是文學的重要法則。

柳枝辭　十二首選六

把酒憑君唱柳枝，也從絲管遞相隨。
逢春只合朝朝醉，記起秋風落葉時。

南園日暮起春風，吹散楊花雪滿空。
不惜楊花飛也得，愁君老盡臉邊紅。

陌上朱門柳映花，簾鈎半卷綠陰斜。
憑郎暫駐青驄馬，此是錢塘小小家。

老大逢春總恨春，綠楊陰裡最愁人。
舊游一別無因見，嫩葉如眉處處新。

濛濛堤畔柳含煙，疑是陽和二月天。
醉裡不知時節改，漫隨兒女打鞦韆。

水閣春來乍減寒，曉妝初罷倚欄干。
長條亂拂春波動，不許佳人照影看。

這種柳枝辭完全是抒情的，可讀性較高。但談不上思想境界。

勾令玄

勾令玄，成都（今屬四川）人。後蜀居士。有《火蓮集》，《況道雜言》等。均佚。有詩一首，甚佳。

敬禮瓦屋和尚塔偈

大空無盡劫成塵，玄步孤高物外人。
日本國來尋彼岸，祠山林下過迷津；
流流法乳誰無分？了了教知我最親。
一百六十三餐後，方於此塔葬全身。

據宋黃休復《茅亭雜語》卷三載：瓦屋和尚名能光，日本國人也。嗣洞山悟本禪師。天復年初（墨人註：唐昭宗辛酉年公元九〇一年）入蜀，至長興年末（墨人註：五代後唐明宗庚寅、公元九三〇年）圓寂時一百六十三歲。（唐朝白居易七十四歲時舉辦「尚齒之會」，其中一老李元爽，一百二十六歲，壽最高，而瓦屋和尚壽高一百六十三歲，更爲罕見。）勾令玄亦爲佛門弟子，在家居士。讀其詩，即知非泛泛之輩。全詩將瓦屋和尚來歷交代清楚，一二兩句並富禪味。禪宗盛於唐，瓦屋和尚遂自日本入蜀，皈依洞山悟木禪師，成爲法嗣，更住世一百六十三年，自是一代高僧。勾令玄既有《火蓮集》、《況道雜言》此兩著作必爲說禪論道之集，縱不能與《維摩詰所說經》相提並論，亦非絕門外漢語，惜未留片紙隻字。但僅此一詩，亦爲佛門留下一頁珍貴歷史。唐昭宗時交通不便，瓦屋和尚遠自日本渡海來中土，歷千山萬水入蜀求道學佛，與今日國人遠渡重洋習物質世界思維者大異其趣。則勾令玄此詩不應僅以純文學觀點來看，此乃千年前的中日文化交流史實也。

釋清豁

釋清豁（？—九七六），福州（今屬福建）人。居泉州開元上方院，留漳州保福寺。太祖建隆三年（九六二），辭歸至貴湖。刺史陳洪進奏賜紫方袍，號性空禪師。太宗太平興國元年卒。有詩二首，均佳。

過三嶺苧溪

世人休說行路難，鳥道羊腸咫尺間。
珍重苧溪溪畔水，汝歸滄海我歸山。

歸山吟寄友

聚如浮沫散如雲，聚不相將散不分。
入郭當時居是我，歸山今日我非君。

從這兩首七絕看，釋清豁眞是一位悟道高僧。前一首的「鳥道羊腸咫尺間」，即已突破時空障礙，亦即如來，亦即芥子須彌，須彌芥子也。「汝歸滄海我歸山」，亦即隨緣，大自在也。第二首完全是講因緣，有緣則聚，緣盡則散，人身亦無非四大假合，無所謂你，亦無所謂我，何必著相耶?這兩首詩禪味十足，圓通無礙，思想境界至高。難得!難得!明人輕視宋詩，但道家陳摶的詩，和釋清豁這兩首七絕，不但唐人詩聖杜甫寫不出來，連詩仙李白也寫不出來。

釋贊寧

釋贊寧（九一九—一〇〇一），俗姓高，吳興德清（今屬浙江）人。後唐天佑十六年生，天成中出家，清泰初入天台山。通南山律，時人謂之「律虎」。吳越中，置爲兩浙僧統，賜號明義宗文。入宋，改賜通慧大師。初輔左街講經首座，知西京教門事。眞宗咸平元年（九九八），充右街僧錄。三年遷左街。四年卒，年八十三。亦謂咸平二年卒。徽宗崇寧四年（一一〇五），加謚圓明，有《內典籍》一百五十卷，《外學集》四十九卷。詩八首。

從贊寧小傳看，他與朝廷關係似非泛泛，眞正的有道高僧，則不近權貴，不務虛名。如武則天遣內侍薛簡親迎禪宗六祖惠能赴京供養，惠能不赴，即其一例。從贊寧八首詩看來，似亦未悟。其《落花》詩為首屈一指者，境界亦不高。詩如下：

蝶醉蜂狂香正濃，晚來堦下墜衰紅。
開時費盡陽和力，落處難禁一陣風。

這也只是一般進士、士大夫的詩，且第二句「墜衰紅」如僅就音律節奏而言，將「衰」易為「殘」，其效果就強多了。如以《落葉》詩和釋清豁的《過三嶺苧溪》、《歸山吟寄友》兩者相較，詩的韻味和境界，都差遠了。同是出家人，悟與不悟之間，不可以道里計。詩人、作家，亦復如此。魚目固可混珠，但一遇慧眼，即現原形。而天目僧《答贊寧》五絕：「山中人事違，天眼中修定。我本無根株，只將筍為命。」除「天眼」名詞外，亦少禪味。倒是釋可動的應對詩兩句：「天曉不干鐘鼓事，月明豈為夜行人？」頗具道心禪意。

釋省念

釋省念（九二六－九九三），俗姓狄，萊州（今屬山東）人。受業於本部南禪院。初往汝州首山，為第一世開堂。太宗淳化四年卒，年六十八。有偈二首，選一。

偈二

白銀世界金色身，情與非情共一眞。
明暗盡時俱不照，日輪午後亦全身。

這完全是以詩言禪，不明經典便不知所云，如第一句在佛經典中多有提及，尤其是在楞嚴經中，更多證悟。如未修行開悟，則甚難領會。省念能寫出這首詩偈，足以證明他的文學功力，更可以看出他不是普通和尚，而是一位已經有些證悟的高僧。證諸今日所謂世界級的大法師，能有一位寫出這種詩偈否？達賴喇嘛喝酒吃肉，那更四兩棉花別「談」了。

廖融

廖融，字元素。隱居衡山，與逸人任鵠、王正己、凌蟾、王元等爲詩友。太宗太平興國末卒。有詩四卷，已佚。《全宋詩》錄其八首。《退宮妓》寫宮女年老色衰，返回故里，較具特色。詩如後：

神仙風格本難儔，曾從前皇翠輦游。
紅躑躅繁金殿暖，碧芙蓉笑水宮秋；
寶車鈿剎陰塵覆，錦帳香消畫燭幽。
一旦色衰歸故里，月明猶夢按梁州。

孟貫

孟貫，字一之，建陽（今屬福建）人。一說建安人。後周顯德中，釋褐授官，為性疏野，不以名宦為意。喜篇章。諫議大夫楊徽之稱之。有五律五十一首，幾無一不佳。《全唐詩》亦少此例。茲選五首，以見一班。

宿山寺

溪山盡日行，方聽遠鐘聲。
入院逢僧定，登樓見月生；
露重群木潤，泉落一巖清。
此景關吾事，通宵寐不成。

贈棲隱祠譚先生

先生雙鬢華，深谷臥雲霞。
不伐有巢樹，多移無主花；
石泉春釀酒，松火夜煎茶。
因問山中事，如君有幾家？

歸雁

春至衡陽雁，思歸塞路長。
汀洲齊奮翼，霄漢共成行；
雪盡翻風暖，寒收度月涼。
直應到秋日，依舊返瀟湘。

春江送人

春江多去情，相去枕長汀。
數雁別湓浦，歸帆離洞庭；
雨餘沙草綠，雲散岸峰青。
誰共親明月？漁歌夜好聽。

過秦嶺

古今傳此嶺，高下勢崢嶸。
安得青山路，化爲平地行。
蒼苔留虎跡，碧樹障溪聲。
欲過一回首，踟躕無限情。

梁藻

梁藻，字仲華，章貢（今江西贛州）人。伯父泰，仕南唐爲筠州刺史。父暉，總殿前步軍，藻性蕭散，父任不就，三舉禮部未成名，杜門自適。有詩一編曰《梁處士集》，已佚。留詩一首，果見其性情。詩如下：

題南山池

翡翠戲翻荷葉雨，鷺鷥飛破竹林煙。
時沽村酒臨軒酌，旋碾新茶靠石煎。

釋靈澄

釋靈澄，青原下八世，巴陵鑑禪師法嗣。住溈潭（今湖南長沙）。稱靈澄散聖。有詩一首，表現方外生活情趣，與其他僧道不同。詩好，境界亦高，最後兩句「半夜白雲消散後，一輪明月到床前。」有畫龍點睛之妙。詩如後：

西來意頌

因僧問我西來意，我話居山七八年。
草履只栽三個耳，麻衣曾補兩番肩；
東庵每見西庵雪，下澗長流上澗泉。
半夜白雲消散後，一輪明月到床前。

宋白

宋白（九三六—一〇一二），字太素，一作素臣，大名（今屬河北）人。太祖建隆二年（九六一）進士。乾德三年（九六五），授玉津縣令。開寶中，連知浦城、衛南二縣。太宗即位，擢左拾遺，拜戶書舍人。太平興國五年（九八〇），知貢舉。八年，改集賢殿直學士。未幾，召爲翰林學士。至道初，爲翰林學士承旨。二年（九九六），拜刑部尚書，集賢院學士判院事，四年，以工部尚書致仕。眞宗大中祥符五年正月卒，年七十七，謚文安。有七絕宮詞百首，詩二十七首。

宮詞類多爲誇宮室之輝煌壯麗，道龍車鳳輦，與夫萬乘之尊，屬於宮廷文學，爲進士進身之階，無甚意義。僅選三首別有風情者如后：

水殿東西夾翠樓，春乘步輦過瀛洲。
赭袍如日花如錦，一半宮人盡裹頭。

繡鞍新轡飾玫瑰，隨駕堤邊試馬回。
苑蕙香輕沙路濕，玉蹄沾得落花來。

繡衣宮女把宮門，不遣中人謁至尊。
晚霽微行向何處？灞陵原接杏花村。

此外《中秋感懷》七絕第一首亦有新意。詩如后：

去年今夜此堂前，人正清歌月正圓。
今夜秋來人且散，不如雲霧蔽青天。

這是一首兩相對照的即景即興的詩，月本無情，只因人的情緒而轉移其作用。亦人之常情也。但常人不易表達，惟詩人能之。此外五絕《春》和一首七律《一春》也不錯，分別錄後：

春

隔岸黃鸝語，當軒白鳥斜。
晚來風緊處，飛絮滿人家。

一春

一春情調淡悠悠，閒依書窗背小樓。
暖日只添中酒睡，晚風頻動惜花愁；
鶯銜舞蝶侵人過，絮逐天絲觸處遊。
已爲韶光發惆悵，可堪家近白蘋洲。

王處厚

王處厚，字元美。益州華陽（今四川成都）人。太祖乾德五年（九六七）進士。據《詩話總龜》載：嘗遇一老僧論浮世苦空事，登第後出郭，徘徊古陌，軫懷長吟，及暮還家，心疾而卒。一般進士，汲汲於功名利祿，既不了解宇宙自然法則，亦不知本身禍福定命，患得患失，惶惶然不可終日。如王處厚一聞僧之言，心理遭受打擊，自然「暮林蕭索起悲風」而一命嗚呼者有之。古今知識分子，如不知天命（宇宙自然法則），和自己的定命，而放言治國平天下者，實可笑亦復可悲！王處厚《遊古栢吟》詩可讀，其人其事則應引以爲戒。

遊古栢吟

誰言今古事難窮，大抵榮枯總是空。
算得生前隨夢蝶，爭如雲外指冥鴻；
暗添雪色眉根白，旋落花光臉上紅。
惆悵荒原懶回首，暮林蕭索起悲風。

張去華

張去華（九三八—一〇〇六），字信臣。開封襄邑（今河南睢縣）人。太祖建隆二年（九六一）進士。拜秘書郎，直史館，擢爲右補闕。後知磁、乾二州，選爲益州通判，遷起居舍人，知鳳翔府。太宗朝，爲京東轉運使，歷禮部郎中。眞宗朝復拜左諫議大夫，遷給事中，歷知杭州、蘇州。景德元年（一〇〇四），改工部侍郎致仕。三年卒，年六十九。有《遊七星巖》詩一首。七星巖爲桂林名勝，山有七峰，如北斗七星，旁垂小峰如輔星。山半有曾公巖、棲霞寺，寺後有棲霞洞，從山腹入，下行百餘級，得平地可容數百人。抗日戰爭末期，日機空襲，七星巖成爲天然防空洞。後桂林淪陷，市民入洞避難，最後撤退國軍亦據洞抵抗，日軍以毒氣噴入洞中，數千軍民全部壯烈犧牲。我在台灣新生報連載出版的一百六十萬字的大長篇小說《紅塵》第七十七章中，對這一令人髮指事實及這次大撤退難民潮的悲慘情形曾據實描寫。

張去華的《遊七星巖》七律，是一首相當好的寫景詩。詩如後：

桂林平地起山尖，獨此奇峰個個圓。
上應星辰三四點，中藏空洞幾千年；
乘槎客子曾相訪，騎鶴仙人竟不還。
多少南來驄馬客，品題辭句細磨鐫。

楊朴

楊朴，字契（亦作先）玄，鄭州東里（今河南新鄭）人。少與畢士安同學。後歸隱，與魏野齊名。太宗、眞宗嘗以布衣召，皆辭歸。《東里楊聘君集》一卷，《楊朴詩》一卷，均佚。《全宋詩》錄其詩六首。詩有逸氣，雅而不俗，多佳。引其七絕三首。

上陳文惠

昨夜西風爛漫秋，今朝東岸獨垂鈎。
紫袍不識蓑衣客，曾對君王十二旒。

據《苕溪漁隱叢話》載：一日秋青，楊朴戲釣於道旁溪澗中，值漕臺陳文惠出巡按，從者呵之，楊朴不顧。文惠怒，令從者攝至前路郵亭詰之，楊朴丐毫楮作此絕句。此詩不亢不卑，而其不事王侯身分存焉。

七夕

未會牽牛意若何？須邀織女弄金梭。
年年乞與人間巧，不道人間巧已多。

此詩妙在後兩句。

詩一首

更無落魄耽盃酒，更莫猖狂愛詠詩。

今日捉將官裡去，這回斷送老頭皮。

《孔氏談苑》載：眞宗東封，訪天下隱者，得杞人楊朴。上問：「卿臨行有人贈詩否？」朴對曰：「臣妻一首。」云云。上大笑。放還山。楊擬妻贈詩，幽默風趣。蓋眞雅人常自謔也。

滕白

滕白，宋初人。嘗以戶部判官爲蘭昌前轉運使，並官戶部郎中。有《滕工部集》一卷，已佚。有詩六首，錄七絕三首。

燕

短羽新來別海陽，眞珠高捲語雕梁。

佳人未必全聽爾，正把金針繡鳳凰。

此詩不單寫「燕語」，而以「佳人」金針「繡鳳凰」襯托，自然生動多趣。

七絕　三首錄二

稻穗登場穀滿車，家家雞犬更桑麻。

謾栽木槿成籬落，已得清蔭又得花。

農家風光，已被此四句詩道盡矣。

古來圩岸護堤防，岸岸圩圩種綠楊。
歲久樹根無寸土，綠楊走入水中央。

我國江南各地江邊湖畔，多植楊柳護堤，日久泥土流失，堤岸後退，楊柳自在水中矣。一九九〇年五月，我應邀赴大陸作四十天「大陸文學之旅」，自南京乘江輪至武漢，長江北岸堤外，均種楊柳護堤，綠在水中央，形成一線好風景矣。此詩作者，絕非無病呻吟，而是實際生活體驗。文學作品，來自生活，既非來自象牙塔，更非天上掉下來。

王喦

喦，字隱夫，居武都山（今四川綿竹）。晚年遇益州王均兵亂（眞宗咸平三年），「以名大爲其威脅，坐是流於荒服」。有集一卷，已佚。詩七首，幾無一不佳。錄其五首。

題嚴君觀

寒雲古木罩屋臺，凡骨仙蹤信可哀。
二十年前曾到此，一千年內未歸來。

這首七絕大有來歷。他既「以名大」爲王均亂兵所脅，坐是流於荒服。所以有「凡骨仙蹤信可哀」之句。神仙也好，活佛也好，大都是乘願而來濟世度人的，但其形體必借凡胎而生於世，與常人無異，所異者其人體內之「眞我」也，亦即佛性。此「眞我」、「佛性」凡人不自知，但「活神仙」、活佛自知。如耶蘇基督，亦一得道之「主」也，而仍然被釘死於十字架上。王喦以名大爲王均亂兵所脅，更不足異。此詩第三四兩句「二十年前曾到此，一千年內未歸來。」說的十分明白，他知道自己的來歷，正如唐朝天台山國清寺的騎虎豐干大師留在壁上的詩開頭兩句所說：「余自來天台，凡經幾萬回。」則王喦的「二十年前曾到此，一千年內未歸來。」便不足爲怪了。因此我們也決不能以一般詩人看王喦，正如不能以一般詩人看寒山、拾得、豐干、呂巖、韓湘、陳摶一樣。論詩名，他們那有杜甫大？但論詩的境界，杜甫豈能望他們項背？原因何在？杜甫不知其「眞我」，不識自己的「本來面目」（佛性）也。杜甫的詩表現的是「人性」，不是「佛性」，也沒有「仙氣」，所以不可同日而語。喦詩名更不如杜甫，但他的「二十年前曾到此，一千年內未歸來。」兩句，杜甫何曾寫得出來，文學非小道，境界有高低。因此我說詩詞、文學是慧業。絕非商品、貢品。

山中有所思

零零夜雨漬愁根，觸物傷離好斷魂。
莫怪杜鵑飛去盡，紫微花裡有啼猿。

貧女

難把菱花照素顏，試臨春水插花看。
木蘭船上遊春子，笑指荆釵下遠灘。

回舊山

庚家樓上謝家池，處處風煙少舊知。
明日落花誰共醉？野溪猿鳥恨歸遲。

殘冬客次資陽江

淡雲殘雪簇江天，策蹇遲回客興闌。
持缽老僧來咒水，倚船商女待搬灘；
沙趐白鷺非眞靜，竹映繁梅奈苦寒。
阮籍莫嗟歧路異，舊山溪畔有漁竿。

王嵒這些詩，無一不雅。没有一般進士、士大夫的半點俗氣。詩詞最忌「俗」，一俗便不可救。

郭震

郭震，字希聲，號漁舟先生，又號汾陽山人。成都（今屬四川）人。太宗淳化四年，詣闕上書，言蜀將亂，後隱居。有《漁舟集》，李畋嘗爲之作序，已佚。有詩十六首。

郭震詩亦高雅，與王嵒均屬道家人物，了無俗氣。

題龍華山

昔年曾到此山來，百鳥聲中酒一杯。
最好寺邊開眼處，段文昌有讀書臺。

紙窗

偏宜酥壁稱閒情，白似溪雲薄似冰。
不是野人嫌月色，免教風弄讀書燈。

紙窗是俗物，以俗物入詩而有此雅趣，實在難得。其詩在於「不是野人嫌月色，免教風弄讀書燈。」佛說「一切唯心」，心雅則雅，心俗則俗。亦所謂「狗嘴裡吐不出象牙」也。

聞蛩

愁殺離家未達人，一聲聲到枕前聞。
苦吟莫入朱門裡，滿耳笙歌不聽君。

此詩亦妙在三四兩句。

宿漁家

幾代生涯傍海涯，兩三間屋蓋蘆花。
燈前笑說歸來夜，明月隨船送到家。

此詩妙在第五句「兩三間屋蓋蘆花」，與第四句「明月隨船送到家。」郭震另有七絕兩殘句：「人世幾番更面目，仙山依舊鎖煙霞」亦妙到毫巔，是神仙吐屬。

釋省澄

釋省澄，俗姓阮，仙遊（今屬福建）人。太祖乾德中賜號眞覺禪師。初駐泉州招慶寺，後主龍華寺。有詩一首。

示執坐禪者

大道分明絕點塵，何須枯坐始相親。
杖藜日涉溪山趣，便是煙霞物外人。

這首詩是教學佛的人，不必執著坐禪。但這有等級層次之分。初學者心如野馬，不能不坐。明心見性者，行、住、坐、臥都是禪，不必定時入坐。一旦得道，法也可以不要，何況坐？故六祖惠能談「禪不在坐」。也說「迷時師度」、「悟時自度」。未悟之時，則必須依照明師規定修行，不可僭越。一個未學會走的孩子就想跑，必然栽個狗吃屎也。學佛亦如是。佛祖釋迦牟尼且靜坐苦修十六年，方能成道，何況凡夫？

宋太宗

宋太宗趙炅（九五九—九九七）初名匡義，後改光義，太祖弟，封晉王。開寶九年（九七六）即位，建元太平興國、雍熙、端拱、淳化、至道。在位二十二年卒。廟號太宗，葬永熙陵。有《御集》四十卷、《朱邸集》十卷、《逍遙詠》十卷、《緣識》五卷、《蓮花心輪迴文偈頌》二十五卷、《迴文詩》四卷、《君臣賡載集》三十卷等（《玉海》卷二十八）。《逍遙詠》、《緣識》有傳本，《蓮花心輪迴文偈頌》存有殘卷，餘佚。

《全宋詩》之《御製逍遙詠》十一卷及《御製緣識》五卷，乃以日本弘教書院刊《大藏經》獲教部露十所收爲底本，保有《逍遙詠》原注，並酌採弘書院麗輕、宋振參據宋本所撰校記。又據敦煌遺書《御製蓮花心輪迴文偈頌》殘卷，錄偈十八首。另從他書得集外詩十首，共編爲十八卷。在中國帝王中，宋太宗著作多矣。

《逍遙詠》是以五七言詩闡述道家思想，修持的。雖有相當注解，但仍不離說教，如：

我達逍遙理，陰陽運五行。
道從初一變，德合混三清。
聖境堪依仗，狐疑事不成。
異端違雅淡，返禍自輕生。

這仍然不脫人文觀點窠臼，而非從宇宙自然法則來闡釋道家思想。不過以帝王之尊，肯虛心研究，已不容易。老子則完全講宇宙自然法則，人文自在其中矣。如本末顛倒，則去道十萬八千里也。

《緣識》則是闡釋佛家思想與修持的。以五、七言近體詩、古體詩最多。亦可見太宗在佛道兩家思想與修持方面所花的時間相當多。《緣識》中有些詩不止於文字禪，是有相當深度的。試引五絕三首如下：

慈悲與喜捨，歷劫自然深。
法要無拘束，緣歸一寸心。

既識諸緣相，行持妙法存。
明開邪見性，不見有無根。

谷響耳中音，根據不易尋。
諠譁袪得盡，識契本緣心。

從第三首詩看，太宗似得高僧傳法指點，不然寫不出這首詩來。他對道家高人陳摶很敬重，除賜號希夷先生，還有「賜陳摶」七絕一首，五絕一首，茲錄其七絕一首：

曾向前朝號白雲，後來消息杳無聞。
如今若肯隨徵召，總把三峰乞與君。

但陳摶並未應召，他還是「攜取舊書歸舊隱，野花啼鳥一般春。」去了。不過由此可見，太宗不但是一位有學問的帝王，也是一位「有道明君」。他在位二十二年，對趙宋三一六年（九六〇—一二七六）的江山，奠定了不錯的基礎。中國是個人治的國家，歷史上的短命政權，以及改朝換代，都是敗亡在統治者的手裡。

墨人附註：《全宋詩》太宗「賜陳摶」詩第一句爲「曾向前朝出白雲」，欠通，而《澠水燕談錄》作「號」，合理。亦足證陳摶在五代時即以「白雲」爲號。他隱居武當山二十餘年，後又隱居華山，日夜與白雲爲伍，以白雲自況，合情合理，據《辭源》陳摶條載：「陳摶宋眞源人……生於唐季，五代時居華山修道，服氣辟穀，寢處恆百餘日不起，自晉漢以後，每聞一朝革命，輒嚬蹙數日，及聞太祖登極，笑曰：「天下自此定矣。」此條所謂「晉」、「漢」，乃後晉後漢。所謂「寢處百餘日不起」，並非「睡大覺」。佛道中高人靜坐，入定數月者不足爲奇，其間自然「服氣辟穀」，不必飲食。至於「每聞一朝革命，輒嚬蹙數日，及聞太祖登極，笑曰「天下自此定矣」。乃陳摶早已六通，無所不知矣。太宗與陳摶年歲較近。其兄趙匡胤，九六〇年庚申，廢後周恭帝自立，統一中國，是爲宋太祖。在位十六年。太宗繼位，對前朝事自知之甚多，因此陳摶在「前朝」不是「出」白雲，而是自況「白雲」，此理甚明。如果陳摶有半點功名利祿之心，早已接受後周徵召爲諫議大夫了，太宗徵召，他也會接受，那就不是自由自在的「白雲」了。不但他「曾向前朝號白雲」以自況，而且「後來消息杳無聞」了。他在武當山，華山修道，與世隔絕，俗人自不知他的去向。後來宋太祖也只能賜他「希夷先生」封號，不能用他。太宗想用他也不可能，只能賜贈三首詩了。此陳摶之所以爲陳摶也。他比諸葛亮、劉伯溫高。諸葛亮「借東風」不算什麼神通，劉伯溫能知前五百年，後五百年也只是三界以內的小神通。而金仙、如來，則是無所不知、無所不能、無所不在。老子、釋迦牟尼則與整個宇宙同一體，沒有時空的限制，除想度衆生靈魂外，豈在意小小地球上的無常兒戲耶？

老妓

老妓，名未詳，太宗淳化時人。淳化三年十月冬，太平興國寺牡丹紅紫盛開，不踰春月，冠蓋雲擁，僧舍塡駢。有老妓題寺壁詩如后：

曾趁東風看幾巡，冒霜開喚滿城人。
殘脂剩粉憐猶在，欲向彌陀借小春。

老樹開花，此妓遂復車馬盈門。憐才乎？愛色乎？好奇乎？或兼而有之。

王嗣宗

王嗣宗（九四四—一〇二一），字希阮，汾州（今山西汾陽）人。太祖開寶八年（九七五）進士。補秦州司寇參軍，歷中路轉運使，累遷御史中丞。眞宗大中祥符六年（一〇一三），授樞密副使。八年，求罷，知許州，以檢校太尉致仕。天禧五年卒，年七十八。謚景莊。有《中陵子》三十卷，已佚。詩一首。

題關右寺壁

欲掛衣冠神武門，先尋水竹渭南村。
欲將舊斬樓蘭劍，買得黃牛教子孫。

王嗣宗題壁明志，詩品與人品，均為進士中之高風亮節者，與祿蠹大異其趣。有此一首，足抵百十位進士。

何承矩

何承矩（九四六——一〇〇六），字正則，河南（今河南洛陽）人。太宗太平興國三年（九七八）遷閒廄使，五年知河南府，徙知潭州。端拱元年（九八八）為滄州節度副使，又為制置河北緣邊屯田使。淳化四年（九九三）知滄州，踰年徙雄州。因抗擊契丹著有戰功，十餘年間輾轉滄州、雄州沿邊州郡。卒於團練使任上，年六十一。有「文昭園聞提壺有感」詩一首。文昭園在潭洲興國間，何承矩知潭州時，聞園吏云：「昔屬馬家，今歸趙氏」，因而賦詩云：

馬家公子好樓臺，鑿破青山碧沼開。
啼鳥不知人事變，數聲猶傍水邊來。

「啼鳥不知人事變，數聲猶傍水邊來。」與「舊時王謝堂前燕，飛入尋常百姓家。」有異曲同工之妙。世之求田問舍與用盡心機巧取豪奪，竊鉤竊國者，何妨省思省思？世界無常，滄海桑田，屢見不鮮。斂財集權何如行善積德？

曾璉、呂蒙正

曾璉，與呂蒙正同時，生平不詳。呂蒙正字聖功，河南洛陽人。太宗太平興國二年（九七七）進士、翰林學士，端拱元年（九八八），拜同中書門下平章事。淳化二年（九九一）坐事罷相，四年復相，平道元年（九九五）出知河南府，眞宗咸平四年（一〇〇一）再復相位。大中祥符四年卒。年六十六。有詩五首，其中七律《行經鴻溝》本不欲引錄。但曾璉僅有《鴻溝和呂聖功韻》一首，高出呂詩太多，故一併引錄以作比較。

行經鴻溝 呂蒙正

溝中流水已成塵，溝畔荒涼起暮雲。
大抵關河須一統，可能天地更平分；
煙橫綠野山空在，樹倚高原日漸曛。
方憑征鞍思往事，數聲風笛馬前聞。

鴻溝和呂聖功韻 曾璉

王霸與王劫幾塵，鴻溝依舊鎖寒雲。

不將帝業追三代，祇把河山割半分；
故壘已隨流水盡，歸鴉空帶夕陽曛。
西風立馬頻回首，那忍猿聲隔岸聞？

這兩首詩不必細細比較，一唸出口即高下立分。曾詩起句即較呂詩氣壯百倍，第二句也比呂詩高雅很多而詩意盎然。「鎖寒雲」比「起暮雲」，無論詩意，氣勢都高多了。頷聯、頸聯呂詩與曾詩更不能相提並論。呂詩末尾兩句「方憑征鞍思往事，數聲風笛馬前聞」與曾詩「西風立馬頻回首，那忍猿聲隔岸聞？」無論感情氣勢方面，呂詩都差多了。曾詩生氣勃勃，感性很強；呂詩則氣弱無力，缺少感情。原因是呂蒙正思想觀念陳腐，詩的語言散文化，缺少魅力。呂雖是進士、翰林學士，又貴爲宰相，而曾璉則不知何許人耶？但就詩論詩，進士、翰林、宰相，均不足以唬人。呂的這首七律，不但不能與曾璉的和詩相比，比前面老妓的《題太平興國寺壁》七絕也差遠了。詩人、作家高下之分在於個人氣質、人雅、作品自雅；人俗，作品亦俗。文學是慧業，喜雅而忌俗。西方大學有所謂《比較文學》課，如忽略了作者的人格氣質，很難探驪得珠，甚至價值倒錯。

潘閬一

潘閬一（?—一〇〇九）字夢空，自號逍遙子，大名（今屬河北）人。一說廣陵人。居錢塘。太宗至道元年（九九五）召對，賜進士及第，爲國子四門助教。眞宗時，爲滁州參軍。大中祥符二年，卒於泗上。有《逍遙集》暨集外詩十首。好詩甚少。以《樽前勉兄長》七律，及《宮詞》、《書詩卷末》七絕二首較佳。

宮詞

學畫蛾眉獨出群，當時人道便承恩。
多年不見君王面，花落黃昏空掩門。

書詩卷末

一卷詩成二十年，晝曾忘食夜忘眠。
莫言不及相如賦，誰敢高吟漢帝前？

張秉

張秉（九五二—一〇一六），字孟節，歙州新安（今安徽歙縣）人。太宗太平興國五年（九八〇）進士。授將作監丞，通判宣州，任監察御史，以荐得知鄭州，召還，宣昭文館，遷右司諫。後擢知制誥。眞宗即位，除左諫議大夫，歷知州府，後加樞密直學士。大中祥符九年卒，年六十五。有詩五首，以戊申七夕七絕五首之五較佳，詩如后：

珠箔風輕月似鉤，還看錦纜結高樓。

堪傷七巧年年事，未識君王已白頭。

鄭文寶

鄭文寶（九五三— 〇一三），字仲賢，一字伯玉。寧化（今屬福建）人。仕南唐至校書郎。入宋，太宗太平興國八年（九八三）進士。補修武縣主簿，改通判潁州，知州事。淳化二年（九九一），授陜西轉運使。真宗咸平中，召掌京商榷貨。大中祥符六年卒，年六十一。有詩十六首。七絕較佳。

絕句一

亭亭畫柯繫寒𡾰，直到行人酒中酣。
不管煙波與風雨，載將離恨過江南。

絕句三

江雲薄薄日斜暉，江館蕭條獨掩扉。
梁燕不知人事改，雨中猶作一雙飛。

羅處約

羅處約（九五八—九九〇），字思純，益州華陽（今四川成都）人。太宗太平興國八年（九八五）進士，爲臨渙主簿，遷知興縣。端拱元年（九八八），授著作郎、直史館。當受命巡檢荆湖路。淳化元年卒，年五十三。有詩三首。其《題太湖》五律，氣勢甚壯，結尾兩句，寓意亦佳，詩如后：

三萬六千頃，湖侵海內田。
逢山方得地，見月始知天；
南國吞將盡，東溟勢欲連。
何當洒爲雨，無處不豐年。

宋濤

宋濤，京兆長安（今陜西西安）人。太宗端拱二年（九八九）進士。知襄城縣。累遷監察御史，知虢州，有詩一首。

題白雲巖

白雲巖在白雲間，巖兀千山與萬山。
莫向公卿容易道，恐伊來此一生閒。

此詩妙在最後一句，畫龍點睛。

魏野

魏野（九六〇—一〇二〇），字仲先，號草堂居士。陝西陝縣（今屬河南人。一生不仕，居陝縣東郊。太宗大中祥符四年（一〇一一）被荐徵召，力辭不赴。廣交僧道隱者，與當時名流寇準王旦等亦有詩賦往還。天禧三年（一〇一九）十二月九日卒，年六十。有草堂集，生前已行於世。卒後，其子魏閒總其詩重編寫爲《鉅鹿東觀集》十卷。《全宋詩》另從《草堂集》、《全芳備祖》等重輯得集外詩附於書末。

魏野雖一生不仕，廣交僧道隱者，然其詩少靈性樂逸趣，與一般士大夫進士詩難分軒輊，其附庸風雅者乎？錄其稍異於一般進士詩七絕二首如后：

尋隱者不遇

尋人誤入蓬萊島，香風不動松花老。
採芝何處未歸來？白雲滿地無人掃。

魏野是內陸陝州陝縣人，起句「尋人誤入蓬萊島」無眞實感。作者固不必事事親身經歷，但應使讀者看來似眞。詩可用語彙甚多，名山名嶺更可信手拈來，何必用「蓬萊島」湊合？這首詩唯一的雅句是「白雲滿地無人掃」。但白雲多不在地而在「天」，在空中，在人的周圍。我住天下名山廬山三年，春、夏、秋、冬無間，雲霧穿簾入戶時多，人在霧中時亦多。欲借白雲襯托隱者的高雅，寫作方法甚多，但作者能寫出最雅的也就是「白雲滿地無人掃」了。顯見其生活體驗不足，表現方法不多。其實只要將「白雲」換成「落花」兩字，變成「落花滿地無人掃」不是一樣雅而不俗嗎？而且更有眞實感了。

詩一首

城裡爭看城外花，獨來城裡訪僧家。
辛勤旋覓新鑽火，爲我親烹嶽麓茶。

俗話說「天下名山僧佔多」，而魏野卻去城裡訪僧家，是反其道而行。而訪僧家也不過是喝杯嶽麓茶而已。佛家的經典最多，經義又最深奧，有道高僧更是語多禪機，豈止喝茶而已。魏野卻無一句涉及，其詩與佛與道相「隔」太遠。文學作品不能「隔」，詩更不能「隔」。進士詩有境界者不多，庸俗者不少。想不到魏野以野鶴閒雲自居，其詩如此。

寇準

寇準（九六二—一〇二三），字仲平，華州下邽（今陝西渭南）人。太宗太平興國五年（九八〇）進士，授大理評事，知歸州巴東縣，移大名府成安縣。累遷三司度支推官，轉鹽鐵判官。淳化二年（九九一），拜左諫議大夫，樞密副使，改同知樞密院事。四年，罷知青州。五年，拜參知政事。至道二年（九九六），罷知鄧州。眞宗即位，遷工部侍郎，權知開封府。咸平六年（一〇〇三），遷兵部侍郎，爲三司使。景德元年（一〇〇四），授中書門下平章事，集賢殿大學士。同年冬，契丹攻宋，準力諫眞宗親征，至澶州（今河南濮陽），迫成和議，是爲「澶淵之盟」。三年罷相，爲刑部尚書，知陝州，後遷兵部尚書，入判都省。大中祥符七年（一〇一四），復拜同平章事、樞密使。八年罷。天禧三年（一〇一九）又授同平章事，充景靈宮使。四年六月，坐與周懷政謀請太子國監，禁皇后預政，奉眞宗爲太上皇事，罷相，封萊國公，尋貶道州司馬。乾興元年（一〇二二），再貶雷州司戶參軍。仁宗天聖元年以疾卒於雷州，年六十二。後十年，詔復太子太傅，贈中書令、萊國公。又賜諡忠愍。有《忠愍公詩集》。《全宋詩》另輯得詩十五首，編爲卷四。

寇準爲宋名臣，一生效忠趙宋太宗、眞宗，位在一人之下，最後貶爲雷州司戶參軍。他《秋夜懷珞下一上人》開頭就說「遊宦忘機久」，是實話，一位在權力中打滾的人，那有多少閒情寫詩？何況「伴君如伴虎」，如不隨時提高警覺，可能難保性命。如果他是野鶴閒雲，他的詩作一定更多，也可能更好。因此，我們對於一位位極人臣的進士作品不能要求太高太多。從詩看人，他可以算是一位良相。且錄數首如後：

歸州留別傳君

楊柳如絲拂畫橋，此中留語欲魂銷。
還愁別後巴東館，獨聽空江半夜潮。

這是他早期知歸州巴東縣的作品。入世不深，還不失讀書人本色。

江上

古岸蕭蕭聞去雁，平蕪杳杳更斜暉。
空江極目望不盡，楓葉半紅人未歸。

殘月之三

光隨春漏細，影共夕煙流。
若近明河沒，還疑墜玉鉤。

這首詩扣著「殘」字寫，不離譜。

柳

曉帶輕煙問杏花，晚凝深翠拂平沙。
長條別有風流處，密映錢塘蘇小家。

這首詩寫出了柳的風流韻致，最後一句點出「錢塘蘇小家」，可謂神來之筆。

送李生（二絕句之一）

愛君白髮無羈束，命駕常爲千里遊。
一夜春江又回棹，當時風雨滿汀洲。

這首詩的第一句是寇準的心裡話，他自己就没有學生那種自由。全詩了無俗氣，尚有餘味。

偶書

往事都如夢，流年只斷魂。
不堪春日盡，細雨欲黃昏。

這首詩起句道出了他內心的感慨，足證他是一位有反省能力的重臣，尚未沉迷。末句「細雨欲黃昏」詩意盎然。

蒨桃

蒨桃，寇準妾。有《呈寇公二首》七絕，甚佳：

一曲清歌一束綾，美人猶自意嫌輕。
不知織女螢窗外，幾度拋梭織得成？

風勁衣單手屢呵，幽窗軋軋度寒梭。
臘天日短不盈尺，何似燕姬一曲歌？

《翰府名談》、《詩話殘龜：寇萊公因會，贈歌者以束綾，蒨桃作二詩呈公。則蒨桃此二詩顯然是有感而發。一束綾在宋時價值不菲，「不知織女螢窗下，幾度拋梭織待成」？第二首更謂「臘天日短不盈尺」，可見織女之艱辛。但是寇公雖如此厚贈，而「美人猶自意嫌輕」，因此蒨桃看在眼裡，自然不平。因此《全宋詩》用「燕姬」顯然不如「妖姬」貼切。不但蒨桃如此，我心亦戚戚焉。如拙著一百六十萬字（版面字數則達二百萬字，較之《紅樓夢》更多數十萬字的大長篇小說《紅塵》，構思十三、四年，每夜只睡兩三小時，日夜寫作兩年多，幾斷送老命，能在台灣新生報連載出版已屬萬幸（台灣流行經、薄、短、小的商品文學數十年，短篇小說集亦難出版），而稿費、版稅收入亦不如年輕貌美的女歌星的一曲歌；而我以七十高齡日以繼夜寫作兩年多的艱辛，更非日織一尺綾的織女可比。蒨桃這兩首詩雖然事隔上千年，但應更發人深思。今日聲色之外，已無文學。現在我繼《全唐詩尋幽探微》、《全唐宋詞尋幽探微》後，又以七十八歲的老年，再寫《全宋詩尋幽探微》，更完全是作「文學義工」。我一旦作古之後，將更無人做此傻事也。我只希望女歌星白冰冰女兒白曉燕被歹徒綁架勒索五百萬元美金撕票的慘事以後不再發生。錢雖萬能，也是萬惡，純正文學不與焉。

杭州老尉

杭州老尉，失其姓名，太宗淳化二年（九九二）進士。眞宗天禧間王欽若知杭州時荐於朝，特改京秩，有詩一首。感慨造化弄人頗深。詩如后：

當年同試大明宮，文字雖同命不同。
我作尉時君作相，東皇元沒兩般風。

錢惟演

錢惟演（九六二—一〇三四），字希聖，錢塘（今浙江杭州）人。吳越王俶之子。歸宋，累遷神武將軍。眞宗咸平中召試學士院，直秘閣，預修《冊府元龜》，擢知制誥，給事中。大中祥符八年（一〇一五）爲翰林學士。天禧四年（一〇二〇）爲樞密副使。仁宗即位，爲樞密使。天聖（一〇二五）加同平章事判許州。八年，判陳州，權江寧府。明道二年，判河南府。景佑元年卒，年七十三。有詩二卷。以《賦竹寄李和文公》，較清新脫俗。詩如后：

瘦玉蕭蕭伊水頭，風宜清夜霧宜秋。
更教仙驥傍邊立，盡是人間第一流。

危拱辰

危拱辰，字輝卿，南城（今屬江西）人。太宗淳化三年（九九三）進士。官光祿卿。十五歲時代父爲吏作《新月》五絕一首，甚佳。詩如后：

未審初三月，嫦娥怨阿誰？

懶開十分鏡，祇畫一邊眉。

此詩末句「祇畫半邊眉」，爲寫「新月」極佳手法。

陳堯咨

陳堯咨（九七〇—？），字嘉謨，閬州閬中（今屬四川）人。堯佐弟。眞宗咸平三年（一〇〇〇）進士。通判濟州。召爲秘書省著作郎，直史館，擢正言，知制誥。歷知光、開封、永興、鄧、泰、同、天雄、鄆、河陽、澶州等府，卒賜太尉。謚康肅。有詩四首。《普濟院》五絕一首，如小幅淡墨山水。詩如后：

山遠峰峰碧，林疏葉葉紅。
憑欄對僧語，如在畫圖中。

其另一首七絕《施肩吾宅》，亦詩中有畫，且富幽趣。詩如後：

幽居正想滄霞客，夜久月寒珠露滴。
千年獨鶴兩三聲，飛下巖前一株柏。

李宗諤

李宗諤（九六五—一〇一三），字昌武，饒陽（今屬河北）人。防子。太宗端拱二年（九八九）進士，授校書郎。眞宗景德二年（一〇〇五）爲翰林學士。太中祥符元年（一〇〇八）改工部郎中。四年，拜右諫議大夫。六年卒。年四十九。有詩十二首。據《青箱雜記》載：宗諤嘗以京官帶館職赴內宴，閤門拒之，遂獻七絕一首如後：

戴了宮花賦了詩，不容重睹紫黃衣。
無聊獨出金門去，恰似當年下第歸。

太宗即時宣召赴坐，後遂爲例。李詩不亢不卑，太宗亦有雅量。

丁謂

丁謂（九六六—一〇三七），字謂之，後更字公言，長州（今江蘇吳縣）人。太宗淳化三年（九九二）進士，爲饒州通判。眞宗咸平初除三司戶部判官，權三司使。太宗祥符初，因阿諛眞宗封禪，拜三司使。五年（一〇一二），進戶部侍郎，參知政事。後出知昇州。天禧五年（一〇一九）以吏部尙書參知政事。四年，爲樞密使，遷平章事。乾興元年（一〇二二）封晉國公。仁宗即位，爲山陵使，獲罪貶崖州司戶參軍。明道中以秘書監致仕。景佑四年卒。《全宋詩》從《西崑酬唱集》、影印《詩淵》等著錄其詩一二六首，編爲二卷。

丁謂貶崖州《有感》七律一首，爲寫實之作，當時崖州「戶口都無三百家」、「麋鹿時時到縣衙」。今昔相較，相去何啻天壤？丁渭遷客心情亦躍然紙上，特引如後：

今到崖州事可嗟，夢中常若在京華。
程途何啻一萬里，户口都無三百家；
夜聽猿啼孤樹遠，曉看沛上瘴煙斜。
吏人不見朝中禮，麋鹿時時到縣衙。

丁渭一首七絕《垂虹亭》亦能道出一般觀光者趕熱鬧的心理。詩如後：

悠悠風物四時新，苒苒山屏萬古春。
多少江山人不看，卻來江上看行人。

宋真宗

宋眞宗趙恆（九六八—一〇二二），太宗第三子。淳化五年（九五四）封壽王。至道三年（九九七）即位。建元咸平、景德、大中祥符、天禧、乾興。在位二十六年卒，年五十五。廟號眞宗，葬永定陵。有詩二十二首，以五絕兩首較佳。

賜僧義澄

止觀心地法，色相本皆空。
禪慧明宗性，超然萬法中。

與太宗旌表、眞宗贊詩有關。

贊胡家

一門三刺史，四代五尚書。
此族未聞有，朕今止見胡。

《宋史》卷四五六《孝義傳》：洪州奉新胡仲堯，構學舍於華林別墅，聚書萬卷，大設廚廩，以延四方之士。太宗雍熙二年，詔旌其門閭。宋人寫華林別墅詩，屈指難數。這自然與太宗旌表、眞宗贊詩有關。

林逋

林逋（九六八—一〇二八），字君復；杭州錢塘（今浙江杭州）人。少孤力學，恬淡好古。早年放遊江淮間，後隱居杭州孤山，相傳二十年足不至城市，以布衣終身。仁宗天聖六年卒。年六十一。眞宗聞其名，曾賜粟帛。及卒，仁宗賜謚和靖先生，有《林和靖先生詩集》四卷。

林逋只是一位逸人隱士，非佛非道，其詩亦無佛道兩家詩人境界。只比一般進士少些功名利祿之心，生活恬淡而已。因此，他的詩缺乏感情的衝擊力量，亦缺少思想的提升力量。一九九〇年春，我初訪杭州，曾至孤山林墓前瞻仰。他生在湖畔，葬在湖畔，享盡清福。草草勞人如我，早有息影「林」下湖畔之心，但無立足之地。錄其五律七律各一首如後：

湖上隱居

湖水入籬山繞舍，隱居應與世相違。
閉門自掩蒼苔色，來客時驚白鷺飛；
賣藥比嘗嫌有價，灌園終亦愛無機。
如何天竺人間路，猶到秋深夢翠微。

小隱自題

竹樹繞吾廬，情深趣有餘。
鶴閒臨水久，蜂懶採花疏。
酒病妨開卷，春陰入荷鋤。
嘗憐古圖畫，多半寫樵漁。

郎簡

郎簡（九六八—一〇五六），字叔廉，臨安（今浙江杭州）人。眞宗景德二年（一〇〇五）進士。知寧國縣，調隨州推官。歷知竇、藤、泉、廣、越、江寧、揚明等州府，以尚書工部侍郎致仕。仁宗嘉祐年元年卒，年八十九。有《訪徐沖晦》詩一首。富貴中人，詩有逸趣，難得。詩如後：

湖上訪高士，徑深行綠苔。
應聞山犬吠，知是野人來；
岸幘出相接，柴門自爲開。
林間清話久，薄暮傍舟回。

安鴻漸

安鴻漸，宋初洛陽人。晚年爲教坊判官。有詩一首，前兩句均以名詞入詩，組合甚巧，後兩句亦自然抬高對方身價，不著形跡。詩如後：

題楊凝式書

端州石硯宣城管，王屋松煙紫兔毫。
更得孤卿老書札，人間無此五般高。

劉元載妻

劉元載妻，有詩才，仁宗天聖中孫冕爲其詩作序。

早梅

南枝向暖北枝寒，一種春風有兩般。
憑仗高樓莫吹笛，大家留取倚闌干。

詹茂光妻

寄遠

錦江江上探春回，銷盡寒冰落盡梅。
爭得兒夫似春色，一年一度一歸來。

趙晟母

惜別

暖有花枝冷有冰，佳人後會卻無憑。
預愁離別苦相對，挑盡漁陽一夜燈。

以上三位女性三首詩，各有才情，令人耳目一新，尤以第二首詹茂光妻詩後兩句「爭得兒夫似春色，一年一度一歸來。」情見乎詩，自然流露，三個「一」字更妙。趙母「挑盡漁陽一夜燈」句，寫「惜別」心理絲絲入扣。

陳亞

陳亞，字亞之，揚州（今屬江蘇）人。眞宗咸平五年（一〇〇二）進士，知祥符縣。仁宗慶曆三年（一〇四三）知湖州，六年知越州，又知潤州。仕至太常少卿，年七十卒，有詩十首，兩首七絕，各有深意。

戒子孫詩

滿室圖書雜典墳，華亭仙客岱雲根。
他年若不和詩賣，便是吾家好子孫。

詩一首

張公吃酒李公醉，自古人言信有之。
陳亞今年新及第，滿城人賀李衙推。

《梅磵詩話》載：陳亞幼孤，育於舅家，舅姓李，爲醫工，人呼爲衙推。亞登第，人皆賀其舅。此亦爲理所當然，人固應飲水思源也。前詩戒子，乃人之常情。兩詩如口語，無頭巾氣。

王隨

王隨（九七三—一〇三九），字子正，河南（今河南洛陽）人。舉進士，通判同州，遷秘書省著作郎，直史館。權知制誥，出知應天府，貶知揚州，再加諫議大夫，權知開封府。仁宗即位，歷知杭州、通州、秦州、河南府，入爲御史中丞，遷翰林學士等，寶元元年（一〇三八），罷判河陽。二年卒，年六十七。謚章惠，後改文惠。有詩十三首。其五絕《臨終作》，已看開生死，了不執著，悟矣。詩如后：

畫堂燈已滅，彈指向誰說？
去住本尋常，春風掃殘雪。

楊億

楊億（九七四—一〇二一），字大年，建州浦城（今屬福建）人。太宗雍熙元年（九八四），年十一，召試賦詩，授秘書省正字。淳化三年（九八二）賜進士及第，遷光祿寺丞。四年，直集賢院。至道二年（九九六）遷著作侍郎。眞宗即位初，預修《太宗實錄》。咸平元年（九九八）書成，乞外補就養，知處州。三年，召還，拜左司諫。四年，知制誥。景德二年（一〇〇五）與王欽若同修《冊府元龜》。三年，爲翰林學士。大中祥符（一〇一三）以太常少卿分司西京。天禧二年（一〇一八）拜工部侍郎。三年，權同仁貢舉，坐考校差謬，降授秘書監。四年，復爲翰林學士，十二月卒，年四十七。諡文。傳世有《武夷新集》二十卷，《西崑唱酬集》二卷。《全宋詩》另有《宋文鑑》、《會稽掇英總集》等書中所輯集外詩，共編爲八卷。

楊億十一歲召試賦詩，十八歲賜進士及第，二十二歲遷著作侍郎，終爲翰林學士。四十七歲卒。早受知遇，著作亦多，惜不永年。好詩不算多，少數詩有禪味，較佳。分別引錄如後：

重陽日憶遠

逆旅重陽節，窮秋萬里身。
金英浮酒盞，珠淚濕衣巾；
爲客飄蓬遠，思家落葉頻。
只應蝴蝶夢，夜夜得相親。

秋日有懷鄉國

長安酒客逢搖落，不獨悲秋更憶鄉。
潘岳二毛行欲變，淵明三徑已應荒；
書裁尺素鴻難托，夢繞重湖蝶自狂。

遊宦十年歸未得，塵纓郤悔濯滄浪。

威上人

五蘊已空諸漏盡，冢間行道十年餘。
吟成南國碧雲句，讀遍西方貝葉書；
清論彌天居士伏，高僧出世俗流疏。
問師心法都無語，笑指孤雲在太虛。

第一句「五蘊已空諸漏盡」，直指威上人是佛，修行修到諸漏已盡，即是功德圓滿，達到佛的果位。最後兩句「問師心法都無語，笑指孤雲在太虛。」因爲佛法難以娑婆世界語言完全表達，即有道高僧亦有難言之處。故禪宗有不立文字，不用語言之說。禪宗傳法是以心印心，如五祖弘忍傳法給六祖惠能是密傳，除金剛經外，以心印心，而外人不知。印心者得道高僧以大法力加持也。一般和尚公開爲弟子剃度動輒數百上千人，達賴喇嘛坐在高台上爲萬人灌頂，既非大乘，更非禪宗。喝酒吃肉的和尚怎能諸漏已盡呢！

留　別

夢筆山前君別我，下沙橋上我思君。
黃昏更過西陽嶺，滿目青山與白雲。

詩一首

漚生復漚滅，二法本來齊。

要識眞歸處，趙州東院西。

據《青湘雜記》載，楊億深達性理，精悟禪觀。此詩爲捐館時作。

墨人註：

所謂「漚生復漚滅，二法本來齊」，即金剛經云：「一切有爲法，如夢幻泡影，如露亦如電，應作如是觀。」又謂：「以三千大千世界碎爲微塵」，亦一沙一世界，世界一微塵也。「若世界實有者則是一合相。」故我一九九七年五月二十日詠「冰河」七絕詩云：

白雲藍天兼綠水，彩虹一道繫孤舟。

冰山劍壁如泡影，芥子須彌共一漚。

此首七絕拙作，或可爲楊億九百多年前捐館時作的五絕進一解也。楊億四十七歲捐館作那首詩時，已悟道解脫矣。

楊備

楊備字脩之，建平（今安徽郎溪）人。仁宗天聖中知長溪縣，明道初知華亭縣，因愛姑蘇風物，遂家吳中。慶曆中以尙書虞部員外郎分司南京。《全宋詩》自《吳郡志》、《吳郡文粹》、《六朝事跡類編》、《景定建康志》等書共錄一一五首，編爲二卷。

楊備才情高，好詩甚多，前此未見。唐人風韻，至楊備重現。而他一一五首中又全爲絕句，且無唱和歌功頌德之作，此眞善作詩者也。近體詩格律最爲嚴謹，律詩更須才情功力兼備，缺一不可。絕句則可大逞才情，無對仗限制，可以自由發揮。楊億不然，詩作雖多至八卷，「奉和御製」詩及唱和應酬之作不少，館閣氣重，性靈少。除幾首稍具禪味詩作外，好詩不成比例。可惜。因此，楊備好詩我不得不多選一些，以見宋人才情風韻。

姑蘇臺

山花野草一荒丘，雲裡驕奢舊跡留。
珠翠管弦人不見，上頭麋鹿至今遊。

響屧廊

步步香翻羅襪塵，粉紅花豔滿宮春。
傾城一笑無遺跡，不見長廊響屧人。

伍員廟

出境鞭屍報父憂，吳兵勇銳越兵憂。
忠魂怨氣江雲在，日見爐香煙上浮。

虎丘

闔閭城見古荒丘，雲裡鐘聲滿寺樓。
白虎金晶人不見，昔曾雄據此山頭。

生公講堂

海上名山即虎丘，生公遺跡至今留。
當年説法千人坐，曾見巖邊石點頭。

烏鵲橋上元

月滿星移月照天，南飛烏鵲影翩翩。
雖然上屬牽牛分，不爲秋河織女塡。

長 橋

漁市花村夾酒樓，山光沈碧水光浮。
梭陵雨過船中望，一道青虹兩岸頭。

夏駕湖

湖面波光鑑影開，綠荷紅芰繞樓臺。
可憐風物還依舊，曾見吳王六馬來。

長 洲

太湖東面即長洲，臨水孤城遠若浮。
雨過雲收山淺黛，管弦歌動酒家樓。

靈和殿

得地恩深雨露偏，丹墀左右玉階前。
君王屬意君知否？好似風流一少年。

臺　城

六朝遺跡好山川，宮闕灰寒草樹煙。
江令白頭歸故國，多情合賦黍離篇。

新　亭

滿目江山異洛陽，北人懷土淚千行。
不如亡國中書令，歸老新城是故鄉。

東冶亭

忍淚相看酒共持，一生心事幾人知？
年年析盡東亭柳，此別綿綿無盡期。

齊雲觀

上界笙歌下界聞，縷金羅袖鬱金裙。
倚欄紅粉如花面，不見巫山空暮雲。

橫　塘

早潮繞過晚潮來，一一軒窗照水開。
鑑面無塵風不動，分明倒影見樓臺。

青　溪

傾城傾國兩妃嬪，此地聞名不見人。

潛想舊時紅粉面，落花風裡步香塵。

金城柳

風絮煙絲春復秋，攀條何故淚雙流？
因憐樹老猶青眼，不覺人衰已白頭。

綜觀以上楊備七絕十七首，首首都似信手拈來，不著斧鑿痕跡。好詩都不雕琢，存之於心，形之於手，心手合一，妙句天成。反之，心中無物，手放不開，雕琢堆砌，如槁木死灰，了無生氣，即成「死屍」。唐宋詩中均不乏其例。

釋保暹

釋保暹，字希白，金華（今屬浙江）人，普惠院僧。眞宗景德初直昭文館，九僧之一。有詩二十五首。

釋保暹，曾「直昭文館」與深山古寺僧不同。其詩與館閣進士詩少異，而無禪味，就詩言詩，不言境界，錄其佳者如後：

金陵懷古

石城秋月滿，煙水冷蕭蕭。
戰爭悲千古，歌聲散六朝；

瑩飛宮草暗，霜白井桐凋。
竟日秦淮上，思賢莫可招。

寄白閣元貞

一聞歸白閣，更不入長安。
絕頂無人上，西風澈夜寒；
懸巖乘雪度，飛瀑過雲看。
應念馳名者，青門得路難。

老僧

鬢毛垂似雲，無語答閒人。
擁衲坐終日，浮生知幾春？
乘船應夢越，揚錫記遊秦。
半夜寒堂掩，磬聲聞四鄰。

寄行肇上人

舊隱西湖寺，青青千萬峰。
來書度深雪，歸夢斷疏鐘；
開口與時避，論心似我慵。
流年共衰鬢，昨夜又聞蛩。

宋眞宗朝九僧，類似保暹，雖均能詩，但六根未淨，唱和應酬之作不少，除錄保暹數首，其餘不錄。

張保雝

張保雝（九七五—一〇三三），字粹之，蔡州（今河南汝南人），眞宗景德二年（一〇〇五）進士，授山陰主簿，知三泉縣，通判齊州，永興軍，知漢州。曾出使契丹，使回任荆、湖北路轉運使。仁宗明道二年卒，年五十九。有《題釣台》七絕一首，最能道出嚴陵愛惜羽毛的高風亮節。詩如后：

漢包六合網英豪，一箇冥鴻惜羽毛。
世祖功臣三十二，雲臺何似釣臺高？

嚴陵泉下有知，應含笑矣！

吳湕

吳湕，淳安（今屬浙江）人。眞宗景德二年（一〇〇五）進士，官大理評事。有《青溪晚霽》五律一首，意象豐富。一首勝人百十首也。詩如后：

天晚雨初霽，隔溪聞碓舂。
山僧歸夜月，幽鳥落長松；
風靜砧聲急，花欹露氣重。
良宵思沅芷，尊酒話從容。

釋谷泉

釋谷泉，衡嶽芭蕉庵住持，一號大道禪師，泉州（今屬福建）人。受法汾陽善昭禪師，乃臨濟宗南嶽下十世。南歸放浪湘中，參謁慈明禪師於道吾寺，住靈峰寺，後移住芭蕉庵。嘉佑中卒。年九十二。有詩六首，其實首首是偈。眞有道高僧也。錄其三首如後：

書壁

余此芭蕉庵，幽居堆雲裡。
千般異境未暇數，且看矮松三四樹。
寒來燒枯杉，飢食大紫芋。
而今抛之去，不知誰來住？

第三句《全宋詩》作「般般異境未暇數」而《沅湘耆舊集》前編卷三一作「千」，「千」勝「般」多矣，故用「千」。

省慈明禪師還而作偈

相別而今又半年，不知誰共對談禪？
一般秀色湘山裡，汝自匡徒我自眠。

偈

與朝六月六，谷泉被氣塈。
不是上天堂，便是入地獄。

《禪林僧寶卷》載：嘉佑中，男子冷清妖言誅，泉坐清，經由庵中決杖配棉州牢城。盛暑負土經通衢，施擔說此偈，言訖微笑，泊然如蟬蛻。時年九十二。此或為其因果也。然谷泉之為高僧，已大自在，則毋庸置疑矣。無論為僧為道，縱有大神通，亦必了其因果，以免輪迴。凡夫世世輪迴者，因果未了也。

釋智圓

釋智圓（九七六－一〇二二），字無外，自號中庸子，錢塘（今浙江杭州）人。俗姓徐。年八歲，受具於龍興寺。二十一歲，傳天台三觀於源清法師。居杭州孤山瑪瑙院，與處士林逋為友。眞宗乾興元年卒，年四十七。謚號法慧。有雜著《閒居編》五十一卷，仁宗嘉佑五年刊行於世，其詩存於《閒居編》。《全宋詩》編為十五卷。

智圓詩高雅，寫作範圍甚廣，佳作極多，幾無俗韻。八歲受戒於龍興寺，出家甚早，卻儒釋並宗，自號中庸子。但讀其《養疾》七律卻自云：「所披老子五千字，坐讀楞嚴十軸經」，實亦出入三家，而以釋家爲依歸也。

明人輕宋詩，智圓實可爲宋詩揚眉吐氣。他在世僅四十七歲，而其詩既多且佳，難矣哉！

挽歌三首

平生宗釋復宗儒，竭慮精研四體枯。
莫待歸全寂無語，始知萬法本來無。

蕭蕭墓後千竿竹，鬱鬱墳前一樹松。
此處不須兄弟哭，自然相對起悲風。

莫談生滅與無生，謾把心神與物爭。
陶器一藏松樹下，綠苔芳草任縱橫。

以上三首是「萬法皆空」、「不生不滅」的悟道詩。

贈林逋處士

深居猿鳥共忘機，荀孟才華鶴氅衣。

滿砌落花春病起，一湖明月夜漁歸；
風搖野水青蒲短，雨過閒園紫蕨肥。
應土滿床書萬卷，玄纁何日到松扉？

智圓法師無論在修行和詩作方面均遠高於處士林逋。但知林逋者多，知智圓者少。一九九〇年五月我赴孤山訪林逋墓時，卻未見智圓墓，陪行者更無人提起，亦有幸有不幸也。

西湖雜感詩之一

湖波冷淡絕纖塵，滿目雲山是四鄰。
一徑草深人不到，竹床蒲扇養天真。

送僧

萬緣難繫自由身，道性何妨學世人。
擬向東門贈離別，長堤楊柳未成春。

昭君辭

昭君停車淚暫止，爲把功名奏天子。
靜得胡塵唯妾身，漢家文武合羞死。

智圓這首詩不僅替昭君一吐悲憤，更將漢朝帝王將相羞死。六祖惠能說：「佛法在世間，不離世間覺。」因此智圓在《送僧》詩中並有「道性何妨學世人」句。不但他寫《昭君辭》有正義感，寫《老將》也有調侃意也。

老將

畫堂升降子孫扶，白髮毿毿膽尙麤。
不省時清身已老，逢人猶説斬單于。

此詩正可與現在不少老榮民還侃侃而談當年與日軍拚刺刀，唱「大刀向鬼子們的頭上砍去！」的豪情並無二致。而今日老榮民的遭遇則遠不如宋朝「斬單于」的老將。智圓如生於今日，可能多唸幾聲「阿彌陀佛！」而今日之大法師，又無智圓大師的詩才，所以我們也看不到智圓這樣的詩了。

送僧歸姑蘇

姑蘇臺畔樹含秋，蟬噪西風雨乍收。
閒笑閒吟忽歸去，月明何處宿孤舟？

嘲寫眞

泡幻吾身元是妄，丹青汝影豈爲眞？
吾身汝影俱無實，相伴茆堂作兩人。

這首詩意與《金剛經》應化非眞分三十二所云：「一切有爲法，如夢幻泡影，如露亦如雲，應作如是觀。」若合符節。如來無相無形，智圓大師故以詩嘲寫眞。

誡後學

對食須思稼穡勞，爲僧安用事雄豪？

剃頭本應求成佛，不為齋筵坐位高。

此詩可作政治和尚當頭棒喝。

放猿

放汝孤猿任自由，萬山雲樹正含秋。
不知今夜啼明月，又使何人淚暗流？

湖上望月

寒光皎皎映平湖，水色天形兩不殊。
學道未能同罔象，也於深處見圓珠。

詠亡有禪師山齋養彌猴

閒庭樹樹菓垂霜，聽法猶憐入草堂。
異類豈能知禮節，每來相對坐禪床。

偈成

世態如輪轉，榮生豈定期。
否終還受泰，樂極又生悲；
商代尊伊尹，秦庭戮李斯。
未能知幻化，安得證無為。

詠燕

來去知時候，堪憐異衆禽。
雙飛春雨細，對語畫堂深。
寄宿雕梁穩，銜泥柳岸陰。
棲身自有處，鷹隼莫相侵。

漁父

鶴髮閒梳小棹輕，蘆花深處最怡情。
自憐身外唯煙月，肯信人間有利名；
閒脱綠蓑春雨霽，醉眠深浦夕陽明。
陶陶終歲無人識，應笑三閭話獨清。

三閭大夫念念不忘君國，難感昏君，自沉汨羅。與漁父之逍遙自在，清者自清，不可同日而語也。

病中感體元上人見訪

犬吠衡門宿霧消，草堂風冷竹蕭蕭。
若非故友憐衰病，誰肯凌晨訪寂寥。

智圓大師學貫儒釋道三家，詩蓋唐、宋、五代。世稱李白詩仙、杜甫詩聖，我寫《全唐詩尋幽探微》時，統計李白有詩一一二五首，杜甫有詩一四五八首，兩人合共二五八三首，而白居易一人即多達二八三七首，比李杜二人總數還多二五四首。白居易詩量比李杜多，詩質亦絕不在李杜之下，因此我竊爲白居易不平。我以爲李稱詩仙、杜稱詩聖，白最少亦應稱詩神。李白雖好仙道，但無修爲，杜甫是純粹的儒家，未通佛道，而白居易不但是正統進士出身，對佛道思想亦多所涉獵。他字樂天，稱香山居士，他的佛學修養爲李白所不及。今讀智圓大師《讀白樂天集》詩：「於鑠白樂天，崛起冠唐賢」，深獲我心。「須知百世下，自有知音者。」我未讀智圓大師這首詩之前，以爲只有我爲白不平，想不到智圓大師已先有同感。特錄他的《讀白樂天集》詩全首，以作另一見證。足見公道自在人心也。

李杜之爲詩，句亦模山水。
錢郎之爲詩，旨類圖神鬼。
諷刺義不明，風雅猶不委。
於鑠白樂天，崛起冠唐賢。
下祖十九章，上踵三百篇。
句句歸勸戒，首首成規箴。
謇諤賀雨詩，激切秦中吟。
樂府五十章，譎諫何幽深？
美哉詩人作，展矣君子心。
豈顧鑠口金，志遏亂雅言。
齪齪無識徒，鄙之元白體。

良玉爲碔砆，人參呼薺苨。
須知百世下，自有知音者，
所以長慶集，于今滿朝野。

談文學作品，不能以耳代目，不能憑眾口鑠金，人云亦云。必須自己深入了解，自有定見，否則容易被人牽著鼻子走。智圓大師方外人也。我與李、杜、白均無瓜葛，是是非非而已。

杜衍

杜衍（九七八—一〇五七），字世昌，越州山陰（今浙江紹興）人。眞宗大中祥符元年（一〇〇八）進士。補揚州觀察推官，知平遙縣，通判晉州，歷知乾、揚、天雄、永興、并等州軍。仁宗初爲御史中丞兼判吏部流內銓。寶元二年（一〇三九）復知永興軍。慶曆三年（一〇四三）任樞密使，主持新政。次年九月，拜同平章事兼樞密使，因新政裁抑僥倖，爲權貴嫉視，爲相僅百日而罷，出知兗州。七年，以太子少師致仕，退居南都（今河南商丘）凡十年。皇佑中加封祁國公，嘉佑二年卒，年八十。謚正獻。有詩十四首。三首甚佳。

詠蓮

鑿破蒼苔漲作池，芰荷分得綠參差。

曉開一朵煙波上，似畫眞妃出浴時。

此詩妙在二三兩句。

雨中荷花

翠蓋佳人臨水立，檀粉不勻香汗濕。
一陣風來碧浪翻，珍珠零落難收拾。

此首寫「雨中」荷花，又與前者大不相同，而且句句都好，第一句荷葉荷花都寫了，而且寫出了「立」的地方。第二句寫「帶雨荷花」以「檀粉不勻香汗濕」來形容，眞是絕妙好句。第三句寫「風動浪翻」，形容第四句雨珠零落難以收拾，連「動態」都寫出來了，眞是妙筆。此首「雨中荷化」，實無出其右者。

幽居即事

寂寂復寂寂，告老閒居日。
徑草高於人，林鳥熟如客；
黃卷不釋手，清風常滿室。
內顧平生願，無過此時適。

這眞是一首好詩，年事不高，閱歷不足，便體會不出來。此亦我退休十四年之生活寫照也。杜衍已先得我心。不同者，我位不至公卿，更身逢亂世，閒而不閒，煮字而不療飢，復古而不泥古，衛道而不言道，退藏於密，眼不見爲淨。杜衍八十而卒，我今已八十，尚未龍鍾，來日方長，將足跨兩世紀也。

黄亢

黄亢，字清臣，建州浦成（今屬福建）人。年十五，以文謁章得象。遊錢塘，以詩贈林逋。時王隨知杭州，奏禁西湖爲放生地，亢作詩數百言以諷，士人爭傳。鄉人編其文爲《東溪集》，已佚，僅有《臨水詩》一首，較孔子「逝者如斯」更有深意。詩如后：

人生朝復暮，水波流不駐。
去年昨日水，今日到何處？
惆悵雨殘花，嫣紅隨水去。
花落水流東，識盡人生事。

釋重顯

釋重顯（九八〇—一〇五二），字隱之。俗姓李，號明覺大師，遂寧（今屬四川）人。早年於益州普安寺出家，以釋仁銑爲師。出游荆渚間，又北游至復州、從北塔祚禪師學五年。眞宗天禧中至靈隱、滯留數年，後主明州雪竇寺。仁宗皇佑四年卒，年七十二。有《祖英集》兩卷，《溫泉集》、《拈古集》、《頌古集》各一卷。《全宋詩》編其詩爲五卷。重顯送僧詩最多，另有頌一百則，如偈如謎，其詩類多高雅而少煙火味，與進士詩大不相同。

玄沙和尚

本是釣魚船上客，偶除鬚髮著袈裟。
祖佛位中留不得，夜來依舊宿蘆花。

送益書記至霅水

白蘋汀是舊家鄉，仍興蘭舟泛渺茫。
日暮沙禽啼欲斷，不知誰在碧雲房？

送知一入京兼簡清河從事

六月千江水似秋，片帆高掛岸雲收。
行行莫謂朝天闕，況倚文星在巨舟。

送僧四之一

乘興飛帆別翠峰，水光春盡冷涵空。
到人若問曹溪意，祇報盧能在下風。

《全宋詩》此首第二句作「水光春靜冷涵空」。四庫本作「盡」，「靜」不如「盡」，故以四庫本爲準。

聞百舌鳥送僧

曾來芳樹幾回飛，煙靄初青又見伊。
巧語向人莫相笑，知音知後又誰知？

寄太平端和尚

千朵危峰杳靄間，石房長帶瀑聲寒。
鳥啼花發尋常事，松本青青雪裡看。

送僧入城

雪籠碧嶂月籠臺，此去城中早晚迴。
不爲佛光問韓愈，問君何事出山來？

病中寄諸化主

雪裡梅花見早春，東西南北路行人。
不知何處圓蟾夜，同念山頭老病身。

謝張太保見訪

老病還同葉半凋，經旬門掩夜蕭蕭。
海城都護曾垂訪，一片清風慰寂寥。

釋重顯，眞方外人也！讀其詩，似未食人間煙火者。「一片清風慰寂寥」，是長安道上客擠也擠不出來的。

白侍郎

白侍郎，名不詳，與丁和有交，眞宗嘗賜丁和詩，當亦眞宗時人。《贈丁和》詩一首，寫丁和家環境，歷歷如繪，詩如後：

步入羅湖石徑斜，陰陰喬木鎖煙霞。
小橋流水君須記，便是丁和處士家。

王寂

王寂，汾州（今山西汾縣）人。眞宗朝人。卒年三十三。有題爲《歌》詩二首，顯具宿慧，非凡夫也。詩如後：

其一

人間冉冉混塵埃，身後身前事莫猜。
早悟勞生皆是夢，當時悔向夢中來。

其二

當年壯氣謾如虹，回首都歸含笑中。

群玉峰前好歸路，可憐三十二秋風。

陸軫

陸軫，字齊卿，號朝隱子，山陰（今浙江紹興）人。眞宗大中祥符五年（一〇一二）進士。仁宗天聖十年（一〇三二）官祠部員外郎，仕賢校理。康定元年（一〇四〇）知會稽。慶曆二年（一〇四二）移明州。皇佑二年（一〇五〇）以吏部郎中、直昭文館守新定。三年得分司南京。卒年七十七。贈太傅、諫議大夫。有詩二首。其《七歲作》詩，顯然自知來歷。所謂「神童」也者，多具宿慧，而未忘其所以也。陸軫「七歲詩」如後：

昔時家主海三山，日月宮中屢往還。
無事引來天女笑，謫來爲吏在人間。

然此等神童來歷不高，多在三界以內者。如寒山、拾得、豐干、惠能等，均爲五界以上乘願而來的再世佛，非同小可也。

釋惟正

釋惟正（九八六—一〇四九），一作惟政。俗姓「黃」，字煥然，秀州華亭（今上海松江）人。幼從臨安北山資壽本如肄業，師惟素禪師。住餘杭功臣山淨土院，出入常黃牛，世稱政黃牛。皇佑元年卒，年六十四。有詩四首。二首深有禪味。

山中作

橋上山萬重，橋下水千里。
惟有白鷺鷥，見我常來此。

送僧偈

山中何所有？嶺上多白雲。
衹可自怡悅，不堪持贈君。

范仲淹

范仲淹（九八九—一〇五二），字希文，吳縣（今江蘇蘇州）人、幼孤，母改嫁長山朱，遂名朱說，入仕後始還姓更姓。眞宗大中八年（一〇一五）進士，仁宗朝仕至樞密副使、參知政事。曾主持慶曆新政，提出明黜涉、抑僥倖，精貢舉等十事。歷知、睦、蘇、饒、潤、越、永興、延、耀、慶、邠、鄧、杭、青等州軍。皇佑四年，貶知穎州，赴任途中病故，年六十四。謚文正。著有《范文正公集》，有集外詩六卷。

范仲淹詩不如詞。長詩不少，好詩不多。理性詩多，感性詩少也。錄其較佳者如後：

寄林處士

片心高與月徘徊，豈爲千鍾下釣臺？
猶笑白雲多事在，等閒爲雨出山來。

留題方干處士舊居

風雅先生舊隱存，子陵臺下白雲村。
唐朝三百年冠蓋，誰聚詩書到遠孫？

贈鍾道士（曾舉進士）

人間無復動機心，掛了儒冠歲已深。
惟有詩家風味在，一壇松月伴秋吟。

風水洞

神仙一去幾千年，自遣秦人不得還。
春盡桃花無處覓，空餘流水到人間。

春日遊湖

湖邊多少遊湖者，半在斷橋煙雨間。
盡逐春風看歌舞，幾人著眼到青山？

書扇示門人

一派青山景色幽，前人田地後人收。

後人收得休歡喜，還有收人在後頭。

釋曇穎

釋曇穎（九八九—一〇六〇），俗姓丘，字達觀，錢塘人。爲南嶽十一世谷隱聰禪師法嗣。年十三依龍興寺。長游京師，與歐陽修爲友。東游，初住舒州香爐峰，移住潤州，主明州雪竇，又移住金山龍游寺。仁宗嘉佑五年卒，年七十二。有詩十三首。《四明十題》之十《小溪》甚佳。詩如后：

小溪花上掩柴扉，雞犬無聲月色微。
一隻小舟臨斷岸，趁潮來此趁潮歸。

另斷句有深意者如：

自從游紫陌，誰肯隱青山？
天地尚空秦日月，山河不見漢君臣。

晏殊

晏殊（九九一—一〇五五），字同叔，撫州臨川（今屬江西）人。幼以神童著稱，眞宗景德二年（一〇〇五）十五歲時即贈同進士出身，初授秘書省正字，久之，擢翰林學士。仁宗天聖三年（一〇二五）遷樞密副使。明道元年（一〇三二）除參知政事。康定元年（一〇四〇）進樞密使。慶曆二年（一〇四五）加同平章事。先後出慶天、江寧、河南府，以及亳、陳、穎、許、永興等州軍。至和元年（一〇五四）以疾歸東京。二年卒，年六十五。謚元獻。《全宋詩》將晏詩輯編爲三卷。

宋朝大詩人多以詞見長，晏殊亦不例外。尤以《浣溪紗》十三首最著。我在拙著《全唐宋詞尋幽探微》中選入他十一闕詞，在這本《全宋詩尋幽探微》中只選他四首詩。

假中示判官張寺丞王校勘

元已清明假未開，小園幽徑獨徘徊。
春寒不定斑斑雨，宿醉難禁灩灩杯；
無可奈何花落去，似曾相識燕歸來。
遊梁賦客多風味，莫惜青錢選萬才。

兒時曾熟讀這首七律，尤以頸聯「無可奈何花落去，似曾相識燕歸來。」至今未忘，但記不起是誰寫的？一九七七年春，香港回歸前選新立法局議員時，有記者問錢其琛先生謂：英國及香港總督彭定康對此頗有微詞，閣下作何感想？錢從容答道：英國人現在說三道四，已經是「無可奈何花落去」了，這句詩引用得十分妙，調侃得好。而這兩句詩，晏殊在浣溪紗詞中也用過，的確是兩句難得的好詩。

草

春盡江南茂草深，繞池縈樹碧岑岑。
長安官舍孤根地，一寸幽芳萬里心。

金柅園

臨川樓上柅園中，十五年前此會同。
一曲清歌滿樽酒，人生何處不相逢。

贈李陽孫

不忍與君別，憐君仁義人。
三年官滿後，依舊一家貧。

這首五絕平白如話，卻是至情至性之作，好詩固不必雕琢也。

晏穎

晏穎，晏殊季弟，臨川人。眞宗時贈進士出身，授奉禮郎。據《道山清話》載：臨淄公（晏殊）既顯，其季弟穎自幼亦如臨淄公警悟。章聖聞其名，召入禁中，因令作《宮沼瑞蓮賦》，大見稱賞，賜出身，授奉禮郎。穎聞之，走入書室中，反關不出。其家輩呼不應，乃破壁而入，則已蛻去。案上有紙，大書小詩二首，時年十八也。詩如后：

其一

兄也錯到底，猶誇將相才。
世緣何日了？了卻早歸來。

其二

江外三千里，人間十八年。
上行誰復見？一鶴上遼天。

晏穎與王寂、陸軫一樣，都是具有宿慧，自知來歷的人。晏穎這兩首《臨蛻遺詩》，不是神話，作品俱在，而且這種詩也是僞造不出來的。

滕宗諒

滕宗諒（九九一—一〇四七），字子京，河南洛陽人。眞宗大中祥符八年（一〇一五）進士。歷濰、連、泰三州從事。召試學士院，改大理寺丞，知太平州當塗縣，移邵武軍邵武縣。遷殿中丞，拜左正書，遷左司諫。又言得罪，出知信州，又降監陽郡榷酤，既而起通判江寧府，知湖州、涇州。仁宗慶曆中，擢天章閣待制，環慶路經略安撫使，兼知慶州等。卒年五十七歲，有詩十首，其絕句兩首，頗見性靈。

贈回道士

華州回道士，來到岳陽城。
別我遊何處？秋空一劍橫。
最後一句絕妙，「橫」字更是畫龍點睛。

翠光亭

千古江山好樹新，翠光亭上一傷春。
碧波無情愁無盡；留與今人復後人。

李熙輔

李熙輔，仁宗初年曾爲衛州縣史。皇佑四年（一〇五三）因事由利州轉運使，慶支郎中降官。有《題眞閣》詩一首，以「山」、「雲」、「僧」三者構成一絕佳五絕。後兩句意在言外，意境雙關。惟陶潛詩「此中有眞意，欲辨已忘言。」差可比擬。詩如後：

括蒼山上雲，山好雲亦好。
可憐山下僧，看雲不知老。

曹文姬

曹文姬，長安娼女，仁宗初人。自幼好文，尤工翰墨，善書，人號書仙，有名關中，受周越、馬端稱賞。後嫁岷江任生。有詩二首。均佳，且有仙氣，尤以第二首爲然，其謫仙乎？

梅山仙丹井

鶴御雲駢去不還，亂雲深處舊仙壇。
鑿開天外長生地，鍊出人間不死丹。

遠　春

仙家無夏亦無秋，紅日清風滿翠樓。
況有碧霄歸路隱，可能同駕五雲遊。

任生

任生，岷江（今屬四川）人。客長安，曹文姬夫。有詩一首，自認爲書仙謫降凡塵，與曹文姬眞天仙配也。詩如後：

玉皇殿前掌書仙，一染塵心謫九天。
莫怪濃香薰骨膩，霞衣曾惹御爐煙。

石延年

石延年（九九四—一〇四一），字曼卿，一字安仁，先世出幽州（治所在今北京）人。家於宋城（今河南商丘）。真宗時以三舉進士補三班奉職。仁宗天聖四年（一〇二六），知濟州金鄉縣，後改通判乾寧軍、永靜軍。入爲大理評事，直集賢院。明道元年（一〇三二），加館校勘。景佑二年（一〇三五），通判海州。康定元年（一〇四〇）使奉河東，二年二月，以太子中允，秘閣校理卒於京，年四十八。有詩一卷。選其四首。

南朝

南朝人物盡清賢，不是風流即放言。
三百年間卻堪笑，絕無人可定中原。

此詩對南朝人物情形，一針見血。如李煜只能作詩人詞人，不能作帝王，更遑論定中原也！

詠柳

天下風流無絲楊，一春生意別離鄉。
柔根恐是離腸結，未折長條先斷腸。

下第集句

一生不得文章力，欲上青雲未有因。
聖主不勞千里召，嫦娥何惜一枝春？
鳳凰詔下雖沾命，豺虎叢中也立身。
啼得血流無用處，朱衣騎馬更何人？

偶成

年去年來來去忙，爲他人作嫁衣裳。
仰天大笑出門去，獨對春風舞一場。

石延年詩尚未脫進士氣，功名得失心仍重也。

黃孝先

黃孝先，字子思，浦城（今屬福建）人，仁宗天聖二年（一〇二四）進士。爲廣州尉，改宿州司理。以善治獄遷大理寺丞，知咸陽縣，移綿竹。終太常博士。通判石州。所著詩二十卷，蘇軾爲主序，已佚。存詩三首，以少見多，黃孝先詩當不同凡響也。

弔宿州妓張溫卿

人生第一莫多情，眼看仙花結不成。
爲報兩京才子道，好將詩句哭溫卿。

據《能改齋漫錄》載：宿州營妓張玉姐，字溫卿，色技冠一時，見者皆屬意。沈子山爲獄掾，最所鍾愛。其後明道中張子野先，黄子思孝先相繼爲掾，尤賞之。偶陳思之求古以光祿丞來掌確酤，溫卿遂托其家，僅二年而亡，才十九歲。子思以詩弔之。

留題清渭樓

黄公愛山不知休，終日不下清渭樓。
與官落得宦下隱，愛山不得山中遊。
朝看暮看山更好，古人今人空自老。
天生定分不可移，白雲悠悠寄懷抱。

律詩一詩二韻，不算律詩，且以古體視之。此時平白而有深意，故錄。

詩一首並序

余嘗守官咸陽，縣廨之後臨渭河，汀嶼中，連歲秋有孤雁來棲於葭葦中，今歲冬深不復至矣。或已在繒戈，或而之他，皆不可知也，惑而爲詩題亭壁。

天寒霜落雁來棲，歲晚川空雁不歸。
江海一身多少事，清風明月我沾衣。

黄孝先亦性情中人也，惜詩二十卷已佚，如屬泛泛，蘇東坡亦不爲之作序也。

梅摯

梅摯（九九五—一〇五九），字公儀，成都新繁（今四川新都）人。仁宗天聖間進士，授大理評事。景佑初，以殿中丞知昭州。慶曆四年（一〇四四），擢殿中侍御史，五年，爲言事御史，以戶部員外郎兼侍御史知雜事，擢判大理寺，遷戶部副使。七年，降知海州，徙蘇州。皇佑三年（一〇五一），擢天章閣待制，陝西都轉運使，嘉佑二年（一〇五七）進龍圖閣直學士、知滑州，改杭州，累遷右諫議大夫，三年徙江寧府，四年，知河中府，卒年六十五。有詩三十二首。

琵琶亭

陶令歸來爲逸賦，樂天謫官起悲歌。
有弦應被無弦笑，何況臨弦泣更多。

唐朝大詩人白居易謫爲我故鄉江州司馬時，曾寫了一首傳誦千古的長詩《琵琶行》，鄉人建琵琶亭作爲紀念。原亭在龍開河口西，亭已不存，近年遷建長江大橋東江邊，與潯陽樓、鎖江樓寶塔連成一條風景線，壯觀優美。陶淵明爲鄉前賢，陶白二公爲故鄉江州（亦稱潯陽，現名九江）增光不少。

歸雁亭（歐陽公建亭在滑州）

東風楊柳杏花飛，曾伴先生酒一巵。
前輩風流那復見，小亭煙雨漫相思；
城邊春草路南北，山下河梁人別離。
一尺短書湘水闊，年年愁絕雁歸時。

劉沆

劉沆（九九五—一〇六〇），字沖之，吉州永興（今屬江西）人。仁宗天聖八年（一〇三〇）進士，通判錦州。歷三司度支、戶部判官，同修起居注，知制誥，出知外州。皇佑三年（一〇五〇），以工部侍郎擢參知政事。至和元年（一〇五四），拜同中書門下平章事。嘉佑元年（一〇五六）罷知南京，徙知陳州。五年卒，年六十六。有詩四首。

述懷

虎生三日便窺牛，獵犬寧能掉尾求？
若不去登黃閣貴，便須來伴赤松遊；
奴顏婢舌誠堪恥，羊狠狼貪自合羞。
三尺太阿星斗煥，何時去取魏齊頭？

劉沆州詩充分表現其極端個性，雖不足為訓，然非德之賊也。詩言志，其此之謂歟？然較模稜兩可、含糊其辭者可取多矣！

聽明泉

義山山下有靈泉，泉號聰明自古傳。
四百年中三出相，不才何幸繼前賢！

此時又表現劉沆的自負，歐陽修，劉沆均隸江西吉州，聰明泉在吉州，劉沆或以此自負也。文天祥亦籍隸吉州，爲宋末人。文天祥之（正氣歌）與劉沆《述懷》詩風格近似，忠臣、烈士、烈婦，應在此中求，雖不中亦不遠矣。

李氏

李氏，仁宗天聖間人。節度使李某偏室。有詩四首。二首才情俱佳。

詩三之一

囊裡眞香誰見竊，鮫綃滴血染成紅。
殷勤遺下輕綃意，好與才郎懷袖中。

書紅帕

囊香著郎衣，輕綃著郎手。
此意不及綃，共郎永長久。

姜迪

姜迪，仁宗天聖間人。有《過黃花渡》詩一首，勝宋庠、宋祁詩千百首，詩如后：

回首瀟湘二十春，江南投老未安身。
如今再過黃花渡，遙想湘山是故人。

張亢

張亢（九九九—一〇六一），字公壽，宋城（今河南商丘）人。眞宗天禧三年（一〇一九）進士，任廣安軍判官，應天府推官，歷涇原路經略安撫招討使、知渭州、代州、磁、壽、和、筠、衛、懷等州。仁宗嘉佑六年卒，年六十三。有《長橋》詩三首。前二首想像力豐富，另三首前後對照比較，風光自然不同，寫景如此，足見巧思。詩如后：

其一

雲收霧霽水風高，百丈虹橋氣勢豪。
疑是玉龍藏爪距，潛來江上看波濤。

其二

萬頃平湖水接天，湖光水色遠相連。
虹蜺截雨未歸得，橫在波心幾十年。

其三

記得當年過此橋，月明江上暑風消。
而今重到經行處，空有湖光伴寂寥。

曾公亮

曾公亮（九九九—一〇七八），字明仲，晉江（今福建泉州）人。仁宗天聖二年（一〇二四）進士。知會稽縣。累遷知制誥兼史館修撰，爲翰林學士、判三班院。嘉佑元年（一〇五六），除給事中，參知政事。五年，除樞密副使，兼群牧制置使。六年，拜吏部侍郎，同中書門下平章事，集賢殿大學士，英宗即位，依舊執政。神宗熙寧二年（一〇六九），進昭文館大學士，累封魯國公。三年，以老避位。六年，起判永興軍，居一歲，以太傅致仕。元豐元年卒。年八十。謚宣靖。有詩四首。其《宿甘露僧舍》七絕，後兩句眞可謂「妙想天開」。詩如后：

枕中雲氣千峰近，床底松聲萬壑哀。
要看銀山拍天浪，開窗放入大江來。

前兩句氣魄奇大，氣勢如虹，眞非常人也。此首七絕，全唐詩亦無出其右者。

陳洎

陳洎，字亞之，彭城（今江蘇徐州）人。仁宗慶曆五年（一〇四五），爲吏部員外郎，加直使館，遷度支副使。七年，降知濠州，召爲鹽鐵副使。皇佑元年（一〇四九），以副使行河，還，卒。有詩十六首。其《過項羽廟》七絕一首，對項羽逞匹夫之勇，不能容范增，終自刎。是春秋之筆。詩如后：

八千子弟已投戈，夜帳猶聞怨楚歌。
學敵萬人成底事，不思一箇范增多。

葉清臣

葉清臣（一〇〇〇—一〇四九），字道清，長洲（今江蘇蘇州）人。仁宗天聖二年進士。累擢右正言、知制誥、龍圖閣學士等。卒年五十。有詩十一首。《題溪口廣慈寺》七絕，韻味甚佳，但遠不如曾公亮的《宿甘露僧舍》七絕氣呑牛斗也。詩如后：

雲中江樹冷蕭蕭，溪上僧歸倚畫橈。

誰爲秋風乘興去，松窗先聽富陽潮。

梅堯臣

梅堯臣（一〇〇二—一〇六〇），字聖俞，又稱梅二十五，宣城（今安徽宣州）人。初以從父梅詢蔭補太廟齋郎。歷桐城、河南、河陽三縣主簿，以德興縣令知建德縣、襄城縣、鹽湖州鹽稅，簽署忠武、鎮安兩軍節度判官，監永濟倉。仁宗皇佑三年（一〇五一）賜同進士出身，爲國子直講，累遷至尚書都官員外郎。嘉佑五年卒。年五十九。有《宛陵先生文集》六十卷。《全宋詩》編其詩三十一卷，自二七〇九至三三四四頁，共一五三五頁，詩二七九七首，加三殘句，可以算是二八〇〇首。唐朝詩仙李白共有詩一一二五首，詩聖杜甫共有詩一四五八首。比李白杜甫兩人合共二五八三首還多。只比另一大詩人白居易的二八三七首少五十七首。唐朝李、杜、白三位大詩人旗鼓相當，梅堯臣與他們三位則相去不可以道里計。梅堯臣是浪得虛名，他和歐陽永叔的詩最多，那只是他攀龍附鳳，他給歐陽永叔六一居士磨墨牽紙都不夠格。詩多何益？

我先後相隔近十年，兩次讀他的詩，愈讀愈生氣，愈失望，如果不是同一卷還有些別人的好詩，我眞會將他的詩燒掉。如果不是爲了寫《全宋詩尋幽探微》，即使有人出一萬美金，我也不會再讀他的詩。

因爲他的名氣太大，作品又多，我還特別花了一下午時間，統計他的作品。也特別找出幾首他的《悼亡》、《哭妻》、《書哀》（哭子）、《新婚》以及《詠懷》（述志）詩，給讀者看，因爲這是人生的切身大事，如果這種詩都使讀者「無動於衷」，那就是「死屍」了！

請看：

悼亡三首

結髮爲夫婦，於今十七年。
相看猶不足，何況是長捐？
我鬓已多白，此身寧久全？
終當與同穴，未死淚漣漣。

二

每出身如夢，逢人強意多。
歸來仍寂寞，欲語向誰何？
窗冷孤螢入，宵長一雁過。
世間無最苦，精爽此銷磨。

三

從來有修短，豈敢問蒼天。
見盡人間婦，無如老且賢。

譬令愚者壽，何不假其年？
忍此連城寶，沉埋向九泉。

他太太死了，寫了三首《悼亡》詩，他太太是怎樣的人，怎樣「美」和「賢」？年紀多大？他們的感情如何？子女多少？多大？三首全是散文句子的道白，沒有一點詩意詩味，完全不能引起讀者的同情、共鳴。這就是「死詩」！另外他還有一首《書哀》的詩，也必須引錄。

天既喪我妻，又復喪我子。
兩眼雖未枯，片心將欲死。
雨落入地中，珠沉入海底。
赴海可見珠，掘地可見水。
唯人歸泉下，萬古知已矣。
拊膺當問誰，憔悴鑑中死。

這首詩怎樣表現喪妻喪子之痛？同前一首犯了同樣的死症，更是全篇廢話！

唐朝元稹和他一樣有喪妻喪子之痛。元稹有《哭小女降真》、《哭女樊四十韻》及七絕一首，《哭子十首》、《感逝》及《妻滿月日相唁》各一首。在哭子詩中有「深嗟爾更無兄弟，自嘆予應絕子孫」及「自茲無復子孫憂」句，這是多麼悲傷沉痛？而其「遺悲懷」三首，可作此類詩代表，特抄引與梅堯臣四首詩比較，對照：

謝公最小偏憐女，嫁與黔婁百事哀。
顧我無衣搜盡篋，泥他沽酒拔金釵；
野蔬充膳甘長藿，落葉添薪仰古槐。
今日俸錢過十萬，與君營奠復營齋。

二

昔日戲言身後意，今朝皆到眼前來。
衣裳已施行看盡，針線猶存未忍開；
尚想舊情憐婢僕，也曾因夢送錢財。
誠知此恨人人有，貧賤夫妻百事哀。

三

閒坐悲君亦自悲，百年都是幾多時？
鄧攸無子尋知命，潘岳悼亡猶費詞；
洞穴窅冥何所望？他生緣會更難期。
唯將終夜長開眼，報答平生未展眉。

讀者看了元稹這三首詩，沒有不受感動的。而「貧賤夫妻百事哀」與「昔日戲言身後意，今朝皆到眼前來。」更常爲後人引用。可見其感人之深。因爲元微之是性情中人，又會用詩的語言，因此兩人作品高下立見，相去何啻天壤？梅堯臣頭腦「鞏固力」，又不懂用詩的語言，而又偏偏歡喜寫詩、和詩、甚至和孫端叟寺丞農具十五首，蠶具十五首，這一共就是三十首，實在無聊之至！但梅堯臣是梅堯臣，他的作品不能代表全宋詩！唐詩固然好，因爲像元稹那樣的大詩人多，宋詩好的也多，日後我會在序文中說明。

梅堯臣之浪得虛名，不會寫詩，還可以從他的《新婚》這首五律中看出來。詩如后：

前日爲新婚，喜今復悲昔。
閫中事有託，月下影免隻；
慣呼口猶誤，似往頗心積。
幸皆柔淑姿，秉賦誠所獲。

這首律詩也完全是「隔靴騷癢」。只是散文式的空洞說明，沒有一句是詩的語言的描寫。如「慣呼猶口誤」，假如前妻叫「杏花」，續絃叫「荷花」，七言可用「錯把荷花喚杏花」，五言可用「荷花喚杏花」，這就十分具體了。「慣呼猶口誤」，誰知道誤箇什麼？這豈不是「隔靴搔癢」？廢話連篇！「幸皆柔淑姿」，如何「柔」？如何「淑」？又是什麼「姿」？讀者如在霧中。梅堯臣如此浪得虛名，實在使我奇怪！我之所以在他身上花上許多時間，不是爲了貶抑宋詩，恰好相反，是我不讓梅堯臣這種「大詩人」魚目混珠，讓他壞了宋詩，毀了宋詩！因此我要再將他的《詠懷》和他同時的詩人劉沆的《述懷》作一對照比較。

詠懷四之一　梅堯臣

一身頭面間，所用蓋有長。
兩耳至於聽，兩目至於光。
維鼻主於嗅，唯舌主於嘗。
以耳辨黑白，以目辨宮商。
以鼻識酸鹹，以舌聞嗅香。
各各反爾用，安得無悲傷。
此能而兼彼，自勞由不量。
寄言世上人，怵欣蹈其常。

述懷　劉沆

虎生三日便窺牛，獵犬寧能掉尾求？
若不去登黃閣貴，便須來伴赤松遊；
奴顏婢舌誠堪恥，羊狠狼貪自合羞。
三尺太阿星斗煥，何時去取魏齊頭？

梅堯臣的《詠懷》詩一共四首，眞是不忍卒讀，只引最好的第一首。這一首完全是說教的散文、韻文，没有半點詩意。他另外還有一首《詠懷》，更是「不知所云」，「莫名其妙」，但非引用不可。詩如后：

西方有鳥鼠，生死同穴居。

物理固不測，孰言飛走殊。
雄雌豈相匹？飲啄豈相須？
一爲枝上鳴，一爲莽下趨？
苟合而異嚮，世道當何如？

詩言志，所謂「詠懷」更多爲述志詩。鳥鼠苟合，未必有其事，縱然有，又干他底事？國事、家事、天下事，可詠者，可嘆者多，去嘆莫須有的「鳥鼠苟合」，眞是「腦殼壞了！」而劉沆的《述懷》詩便大不相同，除了表現出他強烈的個性之外，又很有詩意詩味，而且與衆不同，眞是前無古人，令人印象深刻。且劉沆只有四首詩，我就引錄了兩首。梅堯臣則有詩二七九七首好詩太少！太少！遠不如僧道方外人與青樓女子的一兩首。其《陶者》雖只是最簡單的五絕，但較有寓意，且引如下，以備一格：

陶盡門前土，屋上無片瓦。
寸指不霑泥，鱗鱗居大廈。

古往今來，名不副實者固然不少，而如梅堯臣者，詩人中之尤也。我不願見全宋詩壞在他的筆下，毀在他的手裡，不得不甘冒大不韙，直言無隱也。今世欺世盜名者多，更恐後世又有人效尤也。不得不引梅堯臣爲戒！

林槩

林槩，字端甫，福州福清（今屬福建）人，仁宗景佑元年（一〇三四）進士。以祕書省校書郎知長興縣，後知連州。神宗元豐八年（一〇八五），爲通議大夫，兵部尚書。有詩十首。詩多清麗，以《鑑湖月夜行舟》七絕最見才情。詩如后：

湖光如鑑月如珪，月下潮中兩槳飛。
鶴氅四垂冰骨爽，夜深疑自廣寒來。

陳起

陳起字輔聖，沅江（今屬湖南）人。仁宗景佑元年（一〇三四）進士。歷知寧鄉、秭歸、湘鄉、萍鄉等縣。嘉佑間爲永州通判。有《迎月》五絕一首，意境、韻味極佳。詩如后：

尊酒貪迎月，人生醉後佳。
夜來窗不掩，吹落一瓶花。

章造

章造，建安（今福建建甌）人。仁宗景佑元年（一〇三四）進士。亦云天聖八年（一〇三〇）進士，官清海軍節度書記，早卒。有《西樓懷感》七絕一首，最後一句絕佳。詩如后：

高花古柳傍城闉，游目江城次第新。
百感中來倚惆悵，滿城煙雨滿城春。

石介

石介（一〇〇五—一〇四五），字守道，一字公操，兗州奉符（今山東泰安東南）人。嘗講學徂萊山下，學者稱徂徠先生。仁宗天聖八年（一〇三〇）進士。釋褐鄆州觀察推官。景佑元年（一〇三四）調南京留守推官。三年代父遠官嘉州軍事判官，旋以母喪歸泰山。慶曆二年（一〇四二）召爲國子監直講。四年，擢直集賢院，不久通判濮州，未赴。五年卒，年四十一。有《徂徠先生文集》二十卷，卷一至卷四爲詩。《全宋詩》亦編爲四卷。錄其二首。

訪田公不遇

主人何處去？門外草萋萋。
獨犬眠不吠，幽禽閑自啼；
老猿偷果實，稚子弄鋤犁。
日暮園林悄，春風吹藥畦。

此時時、景、人、物交代清楚，不落空泛。

初過潼關値雨

二十年來憶華山，揚鞭西笑入秦關。
浮雲何苦深遮閉？豈是三峰不好賢？

此詩亦言之有物，三四兩句問得好。如此方有生氣。

程珦侯氏夫婦

程珦（一〇〇六—一〇九〇），字伯溫，河南（今河南洛陽）人。程頤程顥父。仁宗天聖中歷黃陂、廬陵二縣尉，潤州觀察支使。歷知龔、鳳、磁、漢諸州。神宗熙寧中管勾西京嵩山崇福宮，致仕。哲宗光佑五年卒，年八十五，有詩兩首，第一首《遊壽山示二子頤、顥》甚佳，竊知程頤程顥兄弟當受乃翁影響也。詩如后：

藏拙歸來已十年，身心世事不相關。
洛陽山水尋須遍，更有何人似我閒？

程珦妻侯氏（一〇〇五—一〇五二），太原盂縣（今屬山西）人。侯道齊長女，十九歲歸程珦。仁宗皇佑四年卒，年四十八。贈上谷郡君。有《聞雁》首如后：

何處驚飛起，雝雝過草堂。
早是愁無寐，忽聞意轉傷；
良人沙塞外，羈妾守空房。
欲寄回文信，誰能付汝將？

有如此夫妻自有頤顥二子也。遺傳基因大矣哉。亂點鴛鴦者難產麟兒也。尤以文學、藝術、哲學基因非比尋常。現在世界科技領先國家，在複製牛羊等動物方面已有成就。至於複製人一則礙於法律道德倫理，再則「靈魂」不屬於物質層次。所謂「靈魂」，依道家的說法是內在的「性」、眞人、眞我；佛家的說法則是「佛性」、「本來面目」。是永遠存在的。只是一般人不認識它、不了解它而已。一旦認識這「眞人」、「眞我」、「本來面目」，即「明心見性」而成道與宇宙主宰萬能的「上帝」一體矣。即使軀體死亡，但靈魂不死，軀體只是一具載體而已。所以生物學家只能複製載體，不能複製靈魂。生物學家的學問知識，還是屬於物質層次的。不過遺傳基因是生物延續生命特質最重要的因子而已。

文彥博

文彥博（一〇〇六—一〇九七），字寬夫，汾州介休（今屬山西）人。仁宗天聖五年（一〇二七）進士。歷御史、轉運副使、知州判府、樞密副使、參知政事，平章軍國事，拜太師，封潞國公。哲宗紹聖四年卒，年九十二。徽宗崇寧間預黨籍，後追復太師，謚忠烈。一生更事仁、英、神、哲四朝，洊濟二府，七換節鉞。出將入相五十餘年。著有《潞公集》四十卷。有詩六卷，四四二首。

文彥博的詩比梅堯臣的詩少了兩千三百多首，但文彥博比梅堯臣高的太多，尤其是詩的境界梅堯臣更難望其項背。文彥博出將入相五十餘年，高壽九十二，學問、閱歷，人生修養，豈是浪得虛名者所可想望也。文公不但對佛道二家思想涉獵甚深，且遇明師，更非泛泛者可比。唐宋進士詩人少有能及者。略舉數首，以見眞章。

招劉伯壽秘監

君自山中來，熟見山中事。
我亦山中人，素懷歸山志。
切望青牛車，細問歸山計。

從此詩中可見文彥博雖出將入相，並不貪戀榮華富貴，反有息影林下之意，頗有道家能入能出胸襟。最後兩句「切望青牛車，細問歸山計。」大有法華經三車之喻深意在焉。豈唐宋一般進士詩人所能想像耶？

贈自然表白大師（三之三）

尚感眞公傳隱訣，每言凡骨是仙材。
他時再挹浮丘袂，直在青峰十二臺。

第三句《全宋詩》將「再」作「載」，而明朝傳增湘校補本作「再」。根據全首詩意，「再」正確而「載」附會牽強。此首第一句即明言「常感眞公傳隱訣」，所謂「眞公」即是傳法於他的明師，而且這是道家明師，不是佛家明師，因爲第二句他講得很清楚。所以第三句即是「再揖」（挹與揖通）大師時是「在青峰十二臺」了。「浮丘」有二解：一爲河南濬縣西南隅浮丘山；一爲廣州市西羅山浮丘道人得道處。足證文彥博用典十分恰當，而且典雅。不是亂用，以示博奧也。

由此詩亦可見文彥博的明師具有慧眼，看出文彥博不是「凡骨」而是「仙材」。如果文公不是前世福慧雙修，亦不可能出將入相五十餘年而又著作豐富，寫出如此高境界的好詩來。五濁世界，好歹都是因緣，爲善爲惡，亦一念之間耳。此所以有輪迴流轉也。以下且引他兩首寫景詩：

偶題看山樓新畫山水

盡日望兩山，扶笻復倚欄

遠觀猶未足，更作畫圖看。

小山樓小飲偶作

雲淡天迷楚，樓高地占秦。
哀箏一行雁，小字數鉤銀；
巷陌三條月，池塘十步春。
府門初夜閉，多少夜遊人？

再引他兩首禪詩：

昨夜飲散未眠偶成拙頌錄呈
武功寺丞若猶未棄無惜開示

以幻能除幻，居塵不染塵。
略於歌舞地，聊現宰官身；
有法猶爲滯，無心乃是眞。
還將所得趣，試問悟空人。

這是一首眞正悟道的禪詩，不但詩好，而且在「有」「無」之間，「色」「相」之際，進退自如，足見修行功夫，非野狐禪也。而其《再答》五絕一首，又可作進一解。詩如後：

說幻緣知幻，言塵爲覺塵。
覺知今亦遣，塵幻豈關身？

獨體方無對，雙修未是眞。
因君祇夜頌，自愧是小乘。

這是一首有關實際修行的詩。修行成功與否？無關在家出家，亦無關削髮，或滿頭青絲；無關自修、共修，或是不分晝夜念佛號，高唱經典。亦不在二十四小時枯坐。釋迦牟尼佛說：「若以色見我，以音聲求我，是人行邪道，不能見如來。」六祖惠能亦謂「禪不在坐」，行、住、坐、臥都是禪。修行的關鍵在於有沒有明師傳法？（明師與名師不同）明師即在世佛，但不一定出大名；有大名者未必眞明究竟也。能眞明經義而又能言行合一、念茲在茲、無相無我者，多能見如來。如來不能以聲、色、相、求見，如來無所不在。人人都有佛性，佛在心中，毋須外求。明心見性即見如來也。文彦博不是比丘，但他深明經義，不滯不礙，無我無相，實非泛泛。這首詩最後兩句「因君只夜頌，自愧小乘人」是白衣大德語。他雖不像王維以摩詰自居，自居易號香山居士，但他禪詩的境界卻比王摩詰、白樂天高。「有法猶爲滯，無心乃是眞。」是眞禪心禪語也。他還有一首《頌寄實師順師》五律中有兩句亦足發人深省：「悟處頭頭悟，通時處處通。」非眞悟者不能道也。

文彦博另一首《偶書扇面》七絕，是接近九十歲時的作品，亦可見其豁達。詩如后：

人生七十古來稀，老境來侵老病隨。
自算愚年垂九十，也須慚愧耳聾遲。

文彦博眞是博學鴻儒，其正統進士出身不足爲奇，學佛學道更有師承，而且升堂入室。

此李白、杜甫所不如也。誰謂宋不如唐？惜乎古今進士多不能窺其堂奧耳！所謂宋不如唐者實人云亦云也！

丁丑（一九九七）九月十日於北投紅塵寄廬

歐陽修

歐陽修（一〇〇七—一〇七二），字永叔，號醉翁，晚又號六一居士，廬陵（今江西吉安）人。仁宗天聖八年（一〇三〇）進士。初仕西京留守推官。景佑元年（一〇三四），召試學士院，充館閣校勘。三年，因范仲淹事，切責諫官高若納，降爲峽州夷陵令。四年，移乾德令。寶元二年（一〇三九），遷武成軍判官。康定元年（一〇四〇），復館閣校勘。慶曆三年（一〇四三），知諫院，擢同修起居注，知制誥。四年，爲河北都轉運使。五年，慶曆新政失敗，因力爲新政主持者范仲淹，韓琦，杜衍等申辯，貶知徐州，徙揚州、潁州。至和元年（一〇五四），權知開封府。五年，拜樞密副使，六年，進參知政事。英宗治平四年（一〇六七），罷爲觀文殿學士，轉刑部尚書知亳州。神宗熙寧元年（一〇六八），徙知青州，因反對青苗法，再徙蔡州。四年，以太子少師致仕。五年，病逝潁州汝陰。年六十六。謚文忠。有詩二二卷，九三六首，一三殘句。

歐陽修學富五車，才情並茂，兼擅詩詞外，《歐陽文忠公集》有一五三卷，附錄五卷，又撰有《新五代史》、《新唐書》等。其詞最見性情，艷麗脫俗，無假道學氣。《生查子》曾誤爲朱淑眞、秦觀作品，其中「月上柳梢頭」句又誤爲李清照作品。其《蝶戀花》詞「庭院深深深幾許」且爲李清照用作《臨江仙》起句。李清照並在序中說：「歐陽公作蝶戀花有庭院深深深幾許之句，予酷愛之，用其語作庭院深深數闋，其聲即舊臨江仙也。」可見李清照對前輩歐陽修的敬愛。但她的《臨江仙》卻不如歐陽修的《蝶戀花》。由此可見歐陽修不但是文學史大家，更是詩詞聖手。他既有詩九三六首，更有詞二六六闋，而且都是首屈一指的。文彥博則詩好無詞。

他的好詩很多，不論長短詩都很耐讀。有些長詩是很好的短篇小說故事。且稍引其短詩如后。

江行贈雁

雲間征雁水間棲，矰繳方多羽翼微。
歲晚江湖同是客，莫辭伴我更南飛。

雁是候鳥，詩題是「江行贈雁」，妙在後兩句，作者以雁自況，邀雁伴他南飛，寂寞同病相憐，不言而喻矣。

戲答元珍

春風疑不到天涯，二月山城未見花。
殘雪壓枝猶有橘，凍雷驚筍欲抽芽；

夜間聞雁生鄉思，病入新年感物華。
曾是洛陽花下客，野芳雖晚不須嗟。

幼年讀此詩，一知半解，不知其妙。題為《戲答》，卻耐人尋味。作者初仕西京留守推官，好花看得太多，時過境遷，沒有萬紫千紅看，看看過時的野花也是好的。這種自我安慰的心理，正是心情練達之處。

再至西都

伊川不到十年間，魚鳥應怪我自還。
浪得浮名銷壯節，羞看白髮對青山；
異花向我情猶笑，芳草留人意自閑。
行至謝公題壁處，臨風清淚落潺潺。

此為作者十年後再到西都之作，詩用原校本，題用《全宋詩》。

過中渡二之二

得歸還自嘆淹留，中渡橋邊柳拂頭。
記得來時橋上過，斷冰殘雪滿河流。

豐樂亭遊春三之三

紅樹青山日欲斜，長郊草色綠無涯。
遊人不管春將老，來往亭前踏落花。

畫眉鳥

百囀千聲任意移，山花紅紫樹高低。
始知鎖向金籠聽，不及林間自在啼。

鷺鷥

風格孤高塵外物，性情閑暇水邊身。
盡日獨行溪淺處，青苔白石見纖鱗。

《畫眉》、《鷺鷥》兩首，深諳鳥性，以景襯托，情趣自生。

戲贈

莫愁家住洛川旁，十五纖腰聞四方。
堂上金罇邀上客，門前白馬繫垂楊；
春風滿城花滿樹，落日花光爭粉光。
城頭行人莫駐馬，一曲能令君斷腸。

歐陽文忠公爲詩詞聖手，此詩與其《生查子》、《漁家傲》、《蝶戀花》等詞有異曲同工之妙。「門前白馬繫垂楊」是多美多妙的詩句?李、杜詩中所未有也。

夢中情

夜涼吹笛千山月，路暗迷人百種花。
棋罷不知人換世，酒闌無奈客思家。

再至汝陰三之二

十載榮華貪國寵，一生憂患損天眞。
穎人莫怪歸來晚，新向君前乞得身。

這首詩是夫子自道，「一生憂患損天眞」，體驗殊深。

書懷

齒牙零落鬢毛疏，穎水多年已結廬。
解組便爲閑處士，新花莫笑病尚書；
青衫仕至千鍾祿，白首歸乘一鹿車。
況有西鄰隱君子，輕蓑短笠伴春鋤。

這是歐陽文忠公退休後之作，第六句引法華經典，故作者能入亦能出也。與梅堯臣的《詠懷》詩大異其趣，涇渭分明。

張方平

張方平（一〇〇七—一〇九一），字安道，號樂全居士。應天宋城（會河商丘）人。仁宗景佑元年（一〇三四），舉茂才異等，爲校書郎、知崑山縣。又舉賢良方正，遷著作佐郎、通判睦州。召集賢院，俄知諫院。歷知制誥，權知開封府，御史中丞，三司使，加端明殿學士，判太常寺。坐事出知滁州，頃之，知江寧府，入判流內銓，以傳講學士知滑州，徙益州。復以三司使召，遷尙書左丞、知南京。未幾，以工部尙書帥秦州。英宗立，遷禮部尙書，知鄆州，還爲翰林學士承旨。神宗即位，除參知政事，與王安石政見不合，又轉徙中外，以太子少師致仕。哲宗元佑六年卒，年八十五。贈司空，謚文定。有《樂全集》四十卷，詩四卷三〇九首。

張方平詩名不彰，遠不如文彥博、歐陽修、蘇東坡等。文彥博無詞，張方平亦無詞，其名不彰，可能與此有關，而其詩卻不少讓，在思想境界方面更多過人之處，實爲佛道雙修高人也。不讀其詩，不知究竟，但他好詩多，只能少引，以見一斑。

贈辰長老

燕坐非持律，遊方不學禪。
長空任飛鳥，古澗自寒泉；
見月何須指？追風不待鞭。
平坐一破衲，隨處伴閒眠。

這是一首禪味十足的五律，開頭兩句就點明學佛不在打坐、遊方；第三句更指出不必見月就指。佛在心中，無形無相，「明心見性」即佛。與金剛經、六祖壇經、維摩詰經等經典均相吻合，絕非外道也。最後一句「隨處伴閒眠」之「閒」字，可能《全宋詩》編校有誤，「閒」爲形容詞，欠妥，如易爲「伴雲眠」，則天衣無縫而更典雅也。

訪朱先生值晝寢

一枕清風靖館深，滿庭松檜鬱交陰。
此時眞境誰人見？月在泥丸日在心。

「泥丸」是道家修持的關竅，成道關鍵之所在。也就是第三句「眞境」能不能見？「日」「月」等境界能不能見之竅也。張方平不但詩好，佛道修持方面更非等閒之輩也；與蘇東坡等大詩人的「文字禪」不大一樣。

簡徐登道人

聞說頻來帝里遊，藥爐何日得同流。
勸君只就紅塵裡，撥轉河車萬事休。

河車亦爲修道關竅，小周天啓動之機也。

蘇子瞻寄鐵藤杖

隨書初見一枝藤，入手方知鍛鍊精。
遠客只緣憐我老，閒攜常似共君行；
靜軒獨倚身同瘦，小圃頻遊腳爲輕。
何日歸舟上新洛？往來河岸笑相迎。

此詩可見其與東坡居士的友情。詩味淸雅雋永。

柳

雨細池塘靜，風斜院落深。
蝶飛隨亂絮，鶯囀入濃蔭；
翠帶堪紉珮，金絲可度針。
願依菩薩手，不上美人簪。

這首寫柳的詩，極富巧思。中間兩聯對仗之美，前兩句形容之精準，後兩句運用之妙，均可謂前無古人。

葛居士詩

三峰頂上五經秋，妙法白蓮清靜修。
無數天花常自散，眞空性水不停流；
病痴誰問維摩詰？俗眼徒嗟冉伯牛。
別有妙身諸相具，金剛堅固異浮漚。

這是一首紀事禪詩，典雅貼切。詩前有序，略云：居士葛自成，原爲絳州曲河富農，不識之無，天性至孝，曾燒六指事親，壯染惡疾，將自沉於水。一夕得一老父與語而頓悟妄見之非，行乞登蓮花峰絕頂，精修五年，聞華陰人郭誠思有道，造焉，未通姓名。誠思諸兄以爲丐者惡而逐之。葛乞城思遣人告知其家人，家人僕馬來迎。及見父母，白其離家原由，並謂：「浮世幻緣，緣盡即離，請從此別。」即端坐泊然而逝。當其自峰而下也，出語成偈，其偈句有云：「妙法白蓮清靜修」、「法眼觀時世稀有，俗眼觀時是癩人。」葛居士與六祖惠能均爲不識之無者，其宿慧則無殊異。幸有張方平詩紀其事，張詩亦具般若妙智慧。凡學佛修道者，無不與佰世因緣有關，今世出身高低與得道遲早則無關宏旨也。

張方平好詩不必盡錄。但其七絕偈則非錄不可，偈如后：

自從無始千十劫，萬法本來無一法。
祖師來意我不知，一夜西風掃黃葉。

此偈禪意之深，非同小可。而其斷句：「紅塵三尺險，中有是非波。」乃眞理也。一入紅塵，能返璞歸眞者少，輪迴流轉者多。如張方平者，宿慧未泯也。豈止於詩哉？

趙抃

趙抃（一〇〇八—一〇八四），字閱道，號知非子，衢州西安（今浙江衢縣）人。仁宗景佑元年（一〇三四）進士，除武安軍節度判官。歷知崇安、海陸、江原三縣，通判泗州。至和元年（一〇五四），召爲殿中侍御使。嘉佑元年（一〇五六），出知睦州，移梓州路轉運使，旋改益州。召爲右司諫，因論事出知虔州。英宗即位，奉使契丹，還，遷河北都運使。治平元年（一〇六四），出知成都。神宗立，以知諫院召還，秋，擢參知政事。熙寧三年（一〇七〇），因反對青苗法去位，歷知杭州、青州、成都、越州、復徙杭州。元豐二年（一〇七九），以太子少保致仕。七年卒，年七十七。謚淸獻。有《淸獻集》十卷，詩六卷。引其絕律數首如後。

和沈太傅小圃偶作

名園雨後百花繁，人倚危樓十二欄。
園裡芳菲樓上客，一般情緒怕春寒。

不與祠嶽再呈通判沈俟

蔡侯不是不尋仙，俗骨由來欠玉鞭。
待得麻姑重前約，只應瀛海已桑田。

過青泥嶺

老杜休誇蜀道難，我聞天險不同山。
青泥嶺上青雲路，二十年來七往還。

漁父

莫笑生涯一葉舟，江湖來往自悠悠。
絲頭漫有潭中意，逐浪魚兒不上鉤。

歲日示衆

今年年是去年年，此處何曾有變遷？
穿耳胡僧曾說破，梅花落盡柳生煙。

題甘棠樓

闌干十二壓仙瀛，占得龍峰作畫屏。
林映遠籠千里月，湖光寒照一天星；
望來瀑布眞霜練，飛過沙禽半雪翎。
人賞不知春已老，隔橋依舊柳青青。

趙抃的七絕清新，不落窠臼。七律不多，但此首不但清新，對仗亦見功力。

周貫

周貫，自號木雁子，膠東（今山東東部）人。治平、熙寧時道人。有詩四首，其《答人》七絕，不失道家灑脫風格。詩如后。

八十西山作酒仙，麻鞋軋斷布衣穿。
相逢甲子君休問，太極光陰不計年。

「僧不言姓，道不言壽」此又一例也。

裴若訥

裴若訥，常州江陰人。仁宗景佑五年（一〇三八）進士。有詩二首。其《書懷呈江陰軍》末句「滿船明月一溪雲」絕佳。詩如后：

男兒憂道不憂貧，匣有焦桐篋有文。
卻訪姑蘇台下隱，滿船明月一溪雲。

張宗永

張宗永，華州（今陝西華縣）人。仁宗寶元間知建安縣。僅有詩一首及兩句，均佳。

題陳相別業

喬松翠竹絕纖埃，門對南山盡日開。
應是主人貪報國，功成名遂不歸來。

這首詩寫的是陳函相的「別業」，前兩句是寫「別業」本身的環境與坐向，交代清楚；後兩句講「別業」主人不住「別業」的原因，這是關鍵所在，既切題又意在言外，這是眞正的含蓄。另兩殘句「大書文字隄防老，剩買峰巒準備閑」。這兩句大有文章，從前不但文章有價，字亦有價，文人再窮，字可以賣大錢，給人家寫一篇墓誌銘、壽、序，更可以黃金計值。不像當代作家，不會作官或作生意的，眞會窮死，或窮一輩子。時代進入工商業社會，價值自然顚倒也。

危固

危固，字堅道，南城（今屬江西）人。不慕仕進，赴扑、元絳荐之朝，不就。有《自珍集》已佚。存詩四首，均佳，錄其二首如后。

隱居

高士隱居處，迢迢綠水彎。
數間玉川屋，七里子陵灘；
出入是非外，醉醒文字間。
千鍾天子祿，不肯換清閑。

這首寫隱士居住環境、生活，與官宦、俗人均不同。其後兩句「千鍾天子祿，不肯換清閑」，完全道出隱士視富貴如浮雲，視「清閑」如生命，此其所以清高也，絕非沽名釣譽，更非待價而沽。無隱士性格者，絕對體會不出其中況味。

廣福院

二月楊花滿路飛，鶯篁清巧弄晴暉。
誰知騷雅尋芳客，寂寞東風馬上歸。

這首詩十分典雅。但鶯篁之「篁」，可能有誤。篁爲竹，田、竹林，竹之通稱。鶯篁相連不宜用「清巧」形容。鶯以鳴聲動聽聞名，所謂鼓舌如簧也。簧爲樂器中之薄葉，吹之鼓之以發聲者，而鶯聲爲鳥類之最清巧動聽者，則「篁」應爲「簧」之誤也。

邵雍

邵雍（一〇一一－一〇七七），字堯夫，祖籍范陽（今河北涿州），早年隨父移居共城（今河南輝縣）蘇門山下，築室蘇門山百源上讀書，學者稱百源先生。與周敦頤、程顥、程頤齊名。以治易、先天象數之學著稱。仁宗皇祐元年（一〇四九）定居洛陽，以教授生徒爲生。嘉祐七年（一〇六二），西京留守王拱辰就洛陽天官寺西天津橋南五代節度使安審琦宅故基建屋三十間，爲雍新居，名安樂窩，因自號安樂先生。仁宗嘉祐及神宗熙寧初，曾兩度被荐舉，均稱疾不赴。富弼、司馬光、呂公著等退居洛陽時，恆相從游。熙寧十年卒，年六十六。哲宗元祐中贈謚康節。有《伊川擊壤集》二十卷。有詩二十一卷，共一四五〇首。但邵雍在《失詩吟》中自稱有詩三千餘首。其詩如下：「胸中風雨吼，筆下龍蛇走。前後落人間，三千有餘首。」這正如寒山子相似。寒山子自稱：「五言五百篇，七字七十九、三字二十一，都來六百首。」而全唐詩則僅收其詩三一一首。邵雍失去的詩更超過一半。這是兩大損失。

一九七五年江西星子縣宋墓出土之《邵堯夫先生詩全集》九卷，顯然不全，《全宋詩》

依據宋本、蔡本、元本、黃本、四庫本及集外詩合編才得一四五〇首。

宋理學開山祖周敦頤墓原在故鄉九江十里鋪，我幼年就學廬山，每年經過園墓數次，一九八八年，九〇年兩次返鄉，卻不見周墓，想不到邵墓（「宋墓」可能爲邵墓）亦在九江所屬星子縣。

邵雍與周敦頤、程氏兄弟都是研究易經的。但邵康節精於數，數爲易經之本，象、理則屬枝葉。數爲宇宙自然法則，重驗證，亦涵蓋人文，但不能曲解、附會、強辯；研究象、理者往往以人類行爲法則闡釋易經，難免出入。老子《道德經》則爲銓釋、弘揚《易經》最完美的著作。前無古人，後無來者。邵康節的詩亦多與易經有關，但詩是文字，較其《皇極經世》易懂，思想境界亦高，讀其詩如見其人。且引數首並稍加銓釋。

詔三下答鄉人不起之意

生平不作皺眉事，天下應無切齒人。
斷送落花安用雨，裝添舊物豈須春？
幸逢堯舜爲眞主，且放巢由作外臣。
六十病夫宜揣分，監司無用苦開陳。

邵雍曾兩度被荐於仁宗及神宗，均不應詔。此詩所謂「詔三下」，顯然不止兩次下詔，此詩乃說明他不應召之意。他另一首《依韻和劉職方見贈》七絕，亦是說明他不願作官之意。詩如后：

造物工夫意自深，從吾所樂是山林。
少因多病不干祿，老爲無才難動心；
花月靜時行水際，蕙風香處臥松蔭。
閑窗一覺從容睡，願當封侯與贈金。

這首詩更具體說明了他喜愛山林生活。與陳摶不受徵召，不事王侯，均屬道家的高雅思想情操，與儒家進士們汲汲求取功名富貴大異其趣也。另一首《謝君實端明用只將花卉記冬春》七絕，更是邵雍最明白的「夫子自道」了。詩如后：

有時自問自家身，莫是羲皇已上人？
日月往來都不記，只將花卉記冬春。

他的另一首七絕《恍惚吟》，則是他修道的體驗：

恍惚陰陽初變化，氤氳天地乍迴旋。
中間些子好光景，安得功夫入語言？

佛道兩家打坐修持往往有各種境界出現。邵雍詩所言與老子所說的：「有物混成，先天地生，寂兮寥兮，獨立而不改，周行而不殆，可以爲天下母。……」以及廣成子對黃帝所說的：「至道之精，窈窈冥冥，至道之極，昏昏默默……」近似。而邵雍的後兩句「中間些子好光景，安得功夫入語言」。則是佛道兩家修行者戒以體驗告人也，所以他也不講出來。邵雍學道是有師承的，他的《自述》二首之一的前兩句就說：「何者當名席上珍？都緣當日得師眞。」而且他也學佛，他有一首《學佛吟》七律第三、四兩句就說：「求名少日投宣聖，怕死老年親釋迦。」可見他也是由儒入道，由道入佛而佛道雙修的。不過他還是道家本色，去佛家堂奧尙遠。他曾在祥符辛亥十二月二十五日《生日詩》中，將他出生的年、月、日、時都寫出來了：「辛亥年、辛丑月、甲子日、甲戌辰、日辰同甲、年月同辛，吾於此際，生而爲人。」他不但精於易數，也精於道家的命學。因爲命學就是源於宇宙自然法則的。佛家雖言定命，但更重視因果，因緣，不主張算命。邵雍爲什麼自號「安樂先生」？能過安樂生活？又有一首七絕的最後一句說「此樂直從天外來。」呢？除西京留守王拱辰爲他建屋三十間，名「安樂窩」這一原因之外，主要是得力於他自己的造化、定命。我不妨將他的四柱、大運排列如下：

辛亥　庚子
辛丑　己亥
甲子　戊戌
甲戌　丁酉
　　　丙申
　　　乙未

他天干雙透正官，又有比肩幫身，地支亥子丑會成印局，是正官正印格，而且己土司令，財官印得力，是有大智慧克享大名與淸福的，而且爲人正直，且有貴人相助的好命，是州府以上的貴格。因爲年支時支均坐空亡，所以他優遊林下而不願作官，過他的安樂生活。他是怎樣的安樂？且看《堯夫何所有》這首五律：「堯夫何所有？一色得天和。夏住長生洞，冬房安樂窩。鶯花共放適，風月助吟我。竊料人間樂，無如我最多。」這不是比帝王宰相更享福嗎？一〇六二年歲次壬寅，寅爲甲祿，又與亥合木，所以王拱辰爲他蓋了三十間屋作爲安樂窩。他死於未運丁巳年那是因爲子未害、丑戌未三刑，巳亥沖，丁又傷官，印更全破，根基完全動搖，自然會死。他在《答問》七律中說：

「人間相識幾無數，相識雖多未必知？望我實多全爲道，知予淺處卻因詩。……」

看望他關心他的人多是爲了求道，但是像他這樣學究天人的大師要了解他並不容易，只能從他的詩中了解一點皮毛而已。所以我除了引幾首有關他的生活、思想方面的詩以增進讀者的了解外，也將他的造化稍作分析，以證明易學、命運是完全符合宇宙自然法則的。像邵雍這樣的大宗師現在已經没有了。現在僧、道中人，能寫絕律詩的也很少很少了！這是文化的倒退還是前進呢？值得三思。豈止詩而已！

張俞

張俞，字少愚，又字才叔，號白雲居士，益州郫（今屬四川）人。屢試進入不第。仁宗寶元初，西夏事起，曾於蜀上書陳攻取十策，詔赴闕。慶曆元年（一〇四一），除試秘書省校書郎，不就，隱居青城山白雲谿，七詔不起，遨遊天下山水三十餘年，卒年六十五。有《白雲集》已佚。有詩二十九首。好詩甚多。

游驪山二之一

金玉樓臺插碧空，笙歌遞響入天風。
當年國色並春色，盡在君王顧盼中。

蠶婦

昨日到城廓，歸來淚滿巾。
偏身綺羅者，不是養蠶人。

翠微寺

翠微寺本翠微宮，樓閣亭台數十重。
天子不來僧又死，樵夫時倒一株松。

題漢州妓項帊羅

蜀國佳人號細腰，東台御史惜妖嬈。
從今喚作楊臺柳，舞盡春風萬萬條。

張俞的詩極富才情，首首均有妙句，詩意盎然，每首後句均屬畫龍點睛。其他未引者亦幾無一不佳，爲甚多名詩人所不及也。

饒子尙

饒子尙，南城（今屬江西）人，仁宗慶曆初有詩名。但《全宋詩》僅有七律《逍遙峰訪李覯不遇》一首，極佳。詩如后：

疊嶂南奔似躍龍，逍遙樓畔識奇蹤。
雲根盤地三千丈，石筍參天第一峰；
歲久已知蒼蘚合，曉東常怪翠雲封。
肩輿卻過株槎路，署色嵐光隔幾重。

這是一首寫景的好詩，頸聯不但對仗工穩，而且氣魄很大。好詩豈限名家？

勾台符

勾台符，亦作句符台，青城（今四川灌縣東南）人。受業丈人觀爲道士。自號岷山逸老。有《岷山集》已佚。有詩二首，均佳。引其五絕《宿上淸宮》一首如后：

寄宿翠微顚，身疑入半天。
曉鐘鳴物外，殘月落巖前。

蔡襄

蔡襄（一〇一二—一〇六七），字君謨，興化仙遊（今屬福建）人。仁宗天聖八年（一〇三〇）進士，爲西京留守推官。慶曆三年（一〇四三），知諫院，進直史館，兼修起居注。次年以母老求知福州，改福建路轉運使。皇佑四年（一〇五二），遷起居舍人，知制誥，兼判流內銓。至和元年（一〇五四），遷龍圖閣直學士，知開封府。三年，以樞密直學士，再知福州，徙泉州。嘉佑五年（一〇六〇）召爲翰林學士、三司使。英宗即位，以端明殿學士知杭州。治平四年卒，年五十六。孝宗乾道中，賜謚忠惠。有《蔡忠惠集》，詩九卷。

蔡詩以七絕爲佳，選其數首如后。

聞開福院春日一川花卉最盛

山前溪上最宜春，千樹夭桃一雨新。
爭得扁舟隨水處，亂花深處問秦人。

聞雁

霜風吹雁入南雲，千里征人枕上聞。
欲問梁園近消息，月沉星轉五更分。

方山渡口占

江上行人空自愁，壯年雙鬢已驚秋。
不知風裡千重浪，何事無情也白頭。

江村

暗淡江村春日斜，汀州芳草野田花。
孤舟橫笛向何處？竹外炊煙一兩家。

四首中以後兩首最佳，而又都好在後兩句。

石象之

石象之，字簡夫，趙州新昌（今屬浙江）人。仁宗慶曆二年進士，官太子中允。有詩五首。

入天台

岑溪縈繞紅塵外，殿閣欹危翠靄間。
我見老僧無一事，老僧更羨白雲閒。

此詩後兩句絕妙，人物心理掌握極佳。

詠愁

來何容易去何遲？半在心頭半在眉。
門掩落花春去後，窗窺殘月酒醒時；
柔如萬頃連天草，亂比千尋匝地絲。
除卻五侯歌舞地，人間何處不相隨？

「愁」是一種情緒，十分抽象，很難把握。作者卻將它具象化，是大手筆，無一句不恰到好處。心理學或精神醫生可以寫成洋洋灑灑的一篇論文，卻無人能寫出這樣一首七絕好詩。石象之眞古今第一人也。

李師中

李師中（一〇一三—一〇七八）字誠之，楚丘（今山東曹縣東南）人。舉進士，調幷州推官，後知洛川縣、延州敷政縣、興元府褒城縣，改管幹鄜延路經略機宜事。仁宗嘉佑三年（一〇五八），遷提點廣西刑獄，權經略事。七年，改知濟州，歷知兗州、鳳翔府。神宗熙寧初，擢天章閣待制、河東都轉運使等。元豐六年卒，年六十六。存《珠溪集》卷，有詩二卷。

題太堂子隱居

可道非常道，眞空本不空。

荒郊自生草，閒地又栽松；
無欲更何慮，有爲終必窮。
風雲上天去，老子信猶龍。

此詩對老子思想了解透徹，是眞正的道家。而老子與釋迦牟尼思想又息息相通，五六兩句與釋迦牟尼說的「一切有爲法，如夢幻絕影，如露亦如電，應作如是觀。」暗合。李師中亦高人也。

韓魏公席上爲官妓賈愛卿作

願得貔貅十萬兵，犬戎巢穴一時平。
歸來不用封侯印，只問君王乞愛卿。

此詩頗有曾放棄英國王位之溫沙公爵不愛江山愛美人之眞性情，是痴得可愛的好詩。其《子陵》七絕二首亦佳。詠《雲》之前兩句「歸來不覺山川小，出去豈知天地寬。」亦妙。足見作者才情並茂，無絲毫頭巾氣、官僚氣。

姚嗣宗

姚嗣宗，華州（今陝西華縣）人。仁宗慶曆三年（一〇四三），爲環州軍事判官，陝西四路部署勾當公事，後知尋州。有詩五首。均佳。引其三首。

書驛壁二首

踏碎賀蘭石，掃清西海塵。
布衣能效死，可惜作窮鱗。

其二

百越干戈未息肩，五原金鼓又轟天。
崆峒山叟笑不語，靜聽松風春晝眠。

題閩中驛舍

欲掛衣冠神武門，先尋水竹渭南村。
却將舊斬樓蘭劍，買得黃牛教子孫。

以上三首詩感慨各異，但都是難得的好詩。而其《述懷》兩殘句〈大開雙白眼，只見一青天。〉亦是別有懷抱的好句。

許昌齡

許昌齡，仁宗時道人。安世之父，早得神仙術，杖策居穎陽石唐山。歐陽永叔原不信佛老，與語，豁然有悟。嘗手書其《南莊》詩。《全宋詩》亦僅此一首。詩如后：

南莊相對北莊居，更入深山十里餘。

幽路每尋樵徑上，眞心還與世情疏；
雲中犬吠流星過，天外雞鳴曉日初。
昨日有人相問訊，旋將落葉寫回書。

此詩世外情眞，「旋將落葉寫回書」更雅。

周敦頤

周敦頤（一〇一七—一〇七三），原名敦實，避英宗舊諱改，字茂叔，道州營道（今湖南道縣）人。以舅鄭向蔭得官。初仕分寧主簿，歷知桂陽、南昌縣、合州判官，虔州通判。神宗熙寧初，遷廣東轉運判官，提點刑獄，以疾求知南康軍，因家廬山蓮花峰下。峰前有溪，以故居濂溪名之，因稱濂溪先生，卒年五十七。敦頤爲宋代道學創始人之一，二程出其門下。寧宗嘉定十三年（一二二〇）賜謚元公，理宗淳祐元年（一二四一）從祀孔廟。著有太極圖說，有詩三十三首。

周敦頤研究易經重「象」，捨本逐末，不如邵雍堯夫攻「數」正本清源，掌握宇宙自然法則正確，因而產生以人類行爲法則曲解宇宙自然法則之大弊。宇宙自然法則爲宇宙自然定律，如日月運行，有其自然軌道，不可變易，變則自毀，所謂「逆天者亡」也。人類行爲法則卻因地區種族而異，如交通規則，有行人車輛靠右行者，亦有行人車輛靠左行者，因地而異，互不相干。人類婚姻制度亦因種族而異，但這只是人類行為法則，非宇宙自然法則；自然法則是兩性結合則生子女（公母），同性戀愛結婚則不能生育，這是宇宙自然法則，而同性戀者結婚則違反宇宙自然法則。以人類倫理道德觀念禁止同性戀難，而宇宙自然法則卻處罰其斷子絕孫乃必然結果也。周敦頤治易所產生之流弊已難釐清，而理宗又以周「從祀孔廟」，以政治力量確定其正統地位，一如漢武帝罷黜黃老諸子百家後果同樣嚴重，這是對中國文化原本涵蓋科學人文的可大可久的統合能力的第二次大傷害，使中國從一個科學先進國家淪落到落後國家，因而有鴉片戰爭、庚子八國聯軍之奇恥大辱，幾使中國萬劫不復，我們這兩三代人尤深受其害，然尚不知其所以者，大有人在。因此我以大長篇小說《紅塵》演繹這一百多年來的傷心歷史，民族浩劫，以為殷鑑。

以詩而言，周敦頤的三十三首詩亦遠不如邵雍的一四五〇首，思想境界亦相去甚遠，與修行有成的道家陳摶等更不可同日而語。周敦頤不懂道祖老子，更不懂佛祖釋迦牟尼，自然不通宇宙造化之理。所以他的《讀易象》詩寫的也只是一點皮毛。且看此詩：

書房兀坐萬機休，日暖風和草色幽。
誰道二千年遠事，而今只在眼前頭。

老子的五千言《道德經》早已無所不知，無所不包，豈止二千年前事？老子說過「有物混成，先天地生。」也說過「不出戶知天下。不窺牖，見天道。」相形之下，周敦頤實在有些色盲，與佛家所說的「無明」無異。而理宗卻讓他陪孔子一道吃冷豬肉，實在是別有用心，且其心可誅也。

劉敞

劉敞（一〇一九—一〇六八），字原父，或作原甫，新喻（今江西新余）人。仁宗慶曆六年（一〇四六）進士，以大理評事通判蔡州。皇祐三年（一〇五一），遷太子中允，直集賢院。至和元年（一〇五四），遷右正言、知制誥。二年，奉使契丹。三年，出知揚州。歲餘，遷起注舍人，徙知鄆州，兼京東西路安撫使，旋召還糾察在京刑獄。嘉祐四年（一〇五九）知貢舉。五年，以翰林侍讀學士充永興軍路安撫使，兼知永興軍府事。英宗治平三年（一〇六六），改集賢院學士，判南京留守司御史台。神宗熙寧元年卒於官，年五十。有詩二十八卷。

劉敞詩多，但以絕句爲佳。且引數首如后。

紅玉誰家女四首燕中記所見

紅玉誰家女?雙瞳如水流。
映紅看漢使，不覺墜搔頭。

二

紅玉誰家女?明艷奪青春。

羞人不得語，含笑卻成顰。

三

翠霞金縷衣，獨立翳斜暉。
無奈春風蕩，吹人只欲飛。

四

春風能吹衣，不能解人意。
使我爲朝雲，與君從此逝。

這四首五絕對一位雙瞳如水，美目盼兮，明艷照人、含笑成顰的活潑少女的描寫，生動之至。

戲題

薄宦遭百舌，不如歸去來。
提壺沽美酒，泥滑滑於苔。

這首五絕描寫一位乏蕪小官的心情、動態，絕妙。

別永叔後記事

醉中不記君別時，臥載征車南向馳。
驚覺尚疑君在側，滿身明月正相隨。

這首七絕寫他醉中與歐陽修相別，情景俱佳且雅。

小園春日

草色初新柳帶長，宿煙清露濕朝陽。
東山雲起西山碧，南舍花開北舍香。

此詩寫景亦見其才情。

劉敞另有一首五律《蔣生》，詩前有序云：「廣陵蔣生死十四年矣，尸猶溫。其妻與其女閉門守之，未嘗與鄰里通水火。或者疑其有道，而杜君懿實之。蓋嘗有自遠來者以書一封畀其家，視之，蔣生跡也，故俗以爲仙。因作五言贈君懿。」詩云：

仙翁棄妻子，往爲壺中客。
玉棺竟未掩，人世已成昔。
白雲無回期，三徑滅餘跡。
猶傳有青鳥，往往寄消息。

這是一首記事短詩，與記事長詩有別。長詩多鋪陳，難免散文化，詩味自淡。此首五律不然，交代清楚，不失詩味。此一故事，看似傳奇，但佛道中高人，靜坐入定有長達多年而不出定者，即靈體雖出肉體，而肉體如死未死。一旦靈體歸竅，出定即如常人也。語云：「洞中方七日，世上幾千年。」物質世界與非物質世界有別。看過阿彌陀經與無量壽經，亦可解惑也。讀劉敞詩，亦可見其見多識廣，生活經驗豐富。無「非禮勿視、非禮勿聽、非禮勿言、非禮勿動。」之假道學氣也。

王安石

王安石（一〇二一—一〇八六），字介甫，號半山，撫州臨川（今屬江西）人。仁宗慶曆二年（一〇四二）進士。歷簽書淮南判官，知鄞縣，通判舒州，召爲群牧判官。出知常州，移提點江東刑獄。嘉祐三年（一〇五八），入爲度支判官，獻萬言書極陳當世之務。六年，知制誥。英宗治平四年（一〇六七），出知江寧府。尋召爲翰林學士。神宗熙寧二年（一〇六九），除參知政事，推行新法。次年，拜中書門下平章事。七年，因新法迭遭攻擊，辭相位，以觀文殿學士知江寧府。八年，復相，九年，再辭，以鎭南軍節度使、同平章事判江寧府。十年，免府任，爲集禧觀使，居江寧鍾山。元豐元年（一〇七八）拜舒國公，復改封荆。哲宗元祐元年卒，年六十六，贈太傅。紹聖中謚文。著有《臨川集》一百卷、《唐百家詩選》二十卷、《新經周禮義》二十二卷、《論語解》十卷。另有《王氏日錄》八十卷、《字說》二十卷、《老子注》二卷、《洪範傳》一卷，與子雱合著《新經詩義》三十卷，均佚。有詩四十卷。

王荆公詩愛用僻字冷句，尤以古體爲多，理性重，感性不足，以絕句較佳，律詩次之。王之才學足以濟世，雖爲儒家，但不似韓愈排斥佛道，且多涉獵。他晚年居江寧鍾山，寫鍾山詩不少，其《即事》五絕二首，且有禪意。詩如后：

雲從鍾山起，卻入鍾山去。
借問山中人，雲今在何處？

二

雲從無心來，還向無心去。
無心無處尋，莫覓無心處。

其寫景抒情絕句，亦詩味淡遠。如：

題齊安驛

日淨山如染，風暄草欲薰。
梅殘數點雪，麥漲一溪雲。

五柳

五柳榮桑宅，三楊白下亭。
往來無一事，長得見青青。

離蔣山

山谷頻回首，逢人更斷腸。
桐鄉豈愛我？我自愛桐鄉。

鍾山晚歲

小雨輕風落楝花，細紅如雪點平沙。

槿籬竹屋江村路，時見宜城賣酒家。

書湖蔭先生壁二之一

茆檐長掃淨無苔，花木成畦手自栽。
一水護田將綠繞，兩山排闥送青來。

而王荆公的《登飛來峰》七絕，則不僅爲寫景之作，且寓有深意。此詩後兩句，曾爲當今政治人物江澤民先生巧妙引用。當美國副總統高爾，奉總統柯林頓之命，爲彌補因中國三軍在台灣海峽飛彈演習，美國以兩航艦對抗而導致兩國關係惡化，高爾與江澤民先生見面時，江適時引用了王安石的《登飛來峰》七絕的後兩句：

「不爲浮雲遮望眼，自緣身難最高層。」

這兩句詩正好顯示其恢宏的氣度與「高瞻遠矚」，引用得眞是天衣無縫，恰到好處。江澤民先生是學電機的，其閱讀之廣，文學涵養之深，令人刮目相看。高爾如果懂得這兩句詩，那只好「甘拜下風」了。中國五千年的歷史文化，不是美國兩百多年的歷史文化所可同日而語的。科技很容易趕上，歷史文化則無法追趕。王安石的全詩四句如下：

飛來山上千尋塔，聞說雞鳴見日昇。
不畏浮雲遮望眼，自緣身在最高層。

新聞媒體將「自」字誤引爲「只」字，「只」不如「自」自然而切合。王安石的確有大政治家的氣度、胸襟。可惜他勢孤力單，反對力量太強，自己又不是趙宋王朝的主子，兩辭相位，終於失敗。如果他的政治改革成功，中國歷史早在八九百年前就改寫了。一位大政治家除了要有大學問（文學涵養必不可少）外，更要有志同道合的助力，還要能適時掌握機遇，才會成功。没有學問，不能博古通今，徒具野心私心和草莽氣，往往行險僥倖，禍害蒼生，再大的機遇也會糟蹋掉，甚且成爲歷史的罪人。

王安石的《登飛來峰》可謂寄託遙深。他的《鍾山即事》七絕寫閑情逸致亦佳。詩如后：

澗水無聲繞竹流，竹西花草弄春柔。
茅檐相對坐終日，一鳥不鳴山更幽。

陳輔

陳輔，字輔之，號南郭子，人稱南郭先生，丹陽（今屬江蘇）人。少負俊才，不事科舉。工詩，嘗與王安石唱和，蘇軾、沈括亦與之遊。有《南郭集》四十卷，已佚。又有《陳輔之詩話》一卷，已殘。《全宋詩》錄其詩十七首。以《山居》七絶二首最佳，第一首「一笛月明人不識，自家吹與自家聽。」幽默解嘲。第二首「天下蒼生望霖雨，不知龍在此中蟠。」有孤芳自賞，自負之意。此與「少負才俊，不事科舉」，有因果關係。全詩如后：

山居

山居老樹秋還青，山下漁舟傍晚汀。
一笛月明人不識，自家吹與自家聽。

其二

山腰石有千年古，海眼泉無一日乾。
天下蒼生望霖雨，不知龍在此中蟠。

陳寶之

陳寶之，名瓘，以字行，號矸軒，永嘉（今浙江溫州）人。仁宗皇祐間登賢良方正科，官大理寺。有詩三首，均有奇逸氣。引其二首。

自述

少年落魄走京華，老大無錢赴酒家。
羞作寺丞門裡客，一片明月照梅花。

此詩率眞高雅，如將「片」字易爲「輪」字，不僅音律更爲和協，「一輪明月照梅花」，又比「一片明月照梅花」，更富意象美也。

漫興

二十年前學採樵，採樵只採嫩枝條。

何如砍倒大松樹，勾得三年兩載燒。

此詩幽默、風趣、自嘲兼而有之。

賈黯

賈黯（一〇二二—一〇六五），字直儒，鄧州穰（今河南鄧縣）人。仁宗慶曆六年（一〇四六）進士。除將作監丞，通判襄州。召爲秘書省著作郎，遷右正言，判三司。皇佑四年（一〇五二）同修起居注。至和元年（一〇五四）擢知制誥、權判吏部流內銓。嘉祐元年（一〇五六）知許州、徙襄州、郢州，召爲翰林學士。知審官院。七年，遷左司郎中、知開封府。英宗治平元年（一〇六四）遷中書舍人，爲群牧使。二年，拜給事中，權御史中丞。卒年四十四。有詩二首。《襄陽》七絕，甚佳。詩如后：

帶水依山一萬家，襄陽自古富豪奢。
北軒二月回頭望，紅日連城盡是花。

襄陽古城，爲兵家必爭之地。詩寫襄陽如此具體多姿者，前所未見。

李觀

李覯（一〇二三—一〇九五），字夢符，號玉谿叟，袁州（今江西宜春）人。仁宗慶曆二年（一〇四二）。時方弱冠，知清江縣。神宗熙寧初爲大官令，尋言役法不便，出通判處州。元豐四年，知岳州。哲宗元祐由監州太平興國觀除知虔州，不就，請監南嶽廟以歸。卒年七十三。有詩八首。其《題處州直廳壁》七絕，與一般汲汲於功名利祿的進士不同，是濁中清者。詩如后：

十謁朱門九不開，利名淵藪且徘徊。
自知不是公侯骨，夜夜江山入夢來。

吳處厚

吳處厚，字伯固，邵武（今屬福建）人。仁宗皇祐五年（一〇五三）進士，授汀州司理參軍。神宗熙寧中，爲定武軍管勾機宜文字。元豐四年（一〇八一），爲將作監丞，遷大理寺丞。出知通利軍，改漢陽。哲宗元祐四年（一〇八九）知衢州。未幾卒。有《青箱雜記》十卷。詩二十三首。其《偈一首》，據《青箱雜記》載：富文忠公尤達理性，熙寧余官洛下，公時爲亳守，遺余書記，爲訪荷澤諸禪師影像。余因以偈戲之云云。此詩頗有禪味，與金剛經義吻合。詩如后：

是身如幻影，盡非眞實相。

況茲紙上影，妄外更生妄。
到岸不須船，無風休起浪。
唯當清靜觀，妙法了無相。

另一首《秋興亭懷古》七絕亦佳，其後兩句尤具深意，最後一句「萬古斜陽一釣舟」更蒼涼典雅。詩如后：

漢沔當年控上游，孫權曾此困曹劉。
三分霸業千張紙，萬古斜陽一釣舟。

蒲宗孟

蒲宗孟，字傳正，閬州新井（今四川南部西南）人。仁宗皇祐五年（一〇五三）進士。調夔州觀察推官。神宗熙寧元年（一〇六八）召試學士院，爲館閣校勘。六年，進集賢校理，同修起居注，知制誥，轉翰林學士兼侍讀。元豐六年（一〇八三），出知汝州，加資政殿學士，徙亳、揚、杭、鄆州。哲宗元祐四年（一〇八九），御史劾在鄆爲政慘酷，奪職知虢州。五年，復職知河中。七年，移知永興軍，旋知大名府，以疾求河中，既至，卒，年六十六。有詩二十六首。

蒲宗孟爲宋進士中少有之雅人，詩無俗氣，而見慧心。引其二首，以見一斑。

諷甄何二君於南湖架梯橋過渚亭

橋頭跨水ニ千尺，路要梯橫數百層。
會來赤松來過我，待從此處共飛騰。

題徐沖晦處士舊隱

沖晦先生不肯官，布衣謁帝布衣還。
尚嫌姓字騰人口，惟恐文章落世間；
大隱不妨居市井，高吟何處問家山？
平生寄意江湖上，雲自無心水自閒。

此詩前四句寫徐沖晦風格，十分突出。後四句寫他自己的看法，其境界則高於隱士，而提升到佛家不執著，眞自在。小隱隱於山，大隱隱於市。心無世俗觀念，人俗而我不俗，方是高人。高也，隱也，不在山林，不在市井、入污泥而不染，方是眞正高潔。佛家的不執著，大自在，不在寺廟，不在袈裟，而在心無塵垢，心如明鏡，無我無物。蒲宗孟此詩，庶幾近矣。勝過其他進士俗物千萬首也。

王紳

王紳（一〇二四—一〇六四），字公儀，長安人。以蔭爲太廟齋郎。舉進士不第。歷知長興、正平、岐山縣。神宗即位，轉太子中舍。治平元年卒，年四十一。有《虎丘》七絕一首如后：

山頭古寺多陳跡，故國空餘氣象雄。
霸業已隨流水去，闔閭墳草又西風。

詠虎丘詩不少，此詩後兩句寓意較深。

俞紫芝

俞紫芝，字秀老，金華（今屬浙江）人。流寓揚州。少有高行，終身不娶。通佛理，工詩，爲王安石愛重。哲宗元祐初卒。有詩十六首，長於寫景。

秋閣晨興

遠寺一聲鐘，簷楹驚宿鳥。
拂衣風露清，月落千山曉。

此詩無「晨」字，妙在「晨」在其中，最後一句詩意盎然。

冬日

茆舍竹籬短，梅花吐未齊。
晚來溪徑側，雪壓小橋低。

此詩無一「冬」字，妙在「冬」在其中，最後一句最美。

吳興

沽酒店穿斜巷出，採蓮船傍後門歸。
翠霅城廓山千點，清蘸樓台一水圍。

此詩充滿詩情畫意，尤具地方特色。威尼斯、蘇州均爲水鄉澤國，但無此好詩可以傳誦。

邵琥

邵琥，湘陰（今屬湖南）人。少與兄玘、常珪同游太學，後往都嶠山爲道士，改名彥肅。方徽宗大觀中，自都嶠歸故居，後結庵峨眉山，不知所終。有七絕《留壁詩》一首及另兩句，均佳。詩如后：

往往來來三十年，更無蹤跡在西川。
功成行滿昇大去，回首山頭月正圓。

這首詩是他「不知所終」的夫子自道。顯然他已道行圓滿，羽化登仙了。與韓湘答韓愈詩最後一句：「衡破秋空一點青」相同。另據《沅湘耆舊集》《別記》載：琥嘗化一藍縷道人至家，以啜殘茶使婢遺主母，婢以不潔，傾於壁，水痕成一聯云：

碧桃紅杏神仙府，
粉壁朱門將相家。

可證邵琥已得道而有神通。因其詩、聯均非沉迷於功名利祿中的進士們可比。足見物慾不去，智慧不生。宋朝進士，更不如唐朝，好詩千不得一，如歐陽修、文彥博者少之又少，使我有「讀遍進士千萬首，不如『方外』『青樓』一句詩」之歎！文學是慧業，眞非傖夫俗子所能爲也。

沈括、薛之奇

沈括（一〇三一—一〇九五），字存中，錢塘（今浙江杭州）人。仁宗至和元年（一〇五四），以父蔭爲海州沭陽主簿。嘉祐八年（一〇六二）舉進士。英宗治平三年（一〇六六）爲館閣校勘。神宗熙寧五年（一〇七二），提舉司天監。六年，奉使察訪兩浙。歷任翰林學士，知宣州、延州等，後移居潤州，紹聖二年卒，年六十五。一九八五年，胡道靜輯有《沈括詩詞輯存》，經《全宋詩》編者校訂補正，並輯得集外詩三首附於卷末。其詩以《蘇小小墓》、《金山》、《歸計》七絕三首，及《潤州甘露寺》七律最具代表性。

蘇小小墓

古木寒鴉噪夕陽，六朝遺恨草茫茫。

水如香篆船如葉，咫尺西陵不見郎。

金山

樓台兩岸水相連，江北江南鏡裡天。
蘆管玉簫齊送夜，一聲飛斷月如煙。

歸計

住山人少說山多，空只年年憶薜蘿。
不是自心應不信，眼前歸計又蹉跎。

潤州甘露寺

丞相高齋半草萊，舊時風月滿亭台。
地從日月生時見，天到江山盡處回；
三國是非春夢斷，六朝城闕野花開。
心隨潮水漫漫去，流遍煙村半日來。

沈括詩又見才情，無腐儒俗氣。與他同年的薛之奇亦爲進士出身，常州宜興人，歷任江西、河北、陝西、江、淮、荆、浙發運副使、知潭、廣、瀛、熙州、中書舍人、翰林學士兼侍讀、觀文殿學士等，卒年七十四。有詩二卷，亦較清新可讀。如《題孤嶺》之「北向更登孤嶺去，此身還入白雲飛。」《和鮑良題兌溪驛》之「鮑娘詩句好，今夜宿江南。」極富才情。而《和兄之翰寵換蘇印》更有唐人韋蘇州風。詩如后：

早同侍官向長洲，今擁旌麾訪舊游。
自古風流詩酒地，韋蘇州後蔣蘇州。

好詩不厭百回讀，毫無靈性的福、祿、壽、喜，歌功頌德庸俗不堪之作，一遍也讀不下去。詩情、詩意、詩味，好壞之間相去不可以道里計也。唐詩如此，宋詩亦復如此。

程顥

程顥（一〇三二—一〇八五），字伯淳，學者稱明道先生，河南洛陽人。仁宗嘉佑二年（一〇五七）進士。歷鄠縣、上元主簿，澤州晉城令。神宗熙寧二年（一〇六九），授太子中允權監察御史裡行。三年，因與新法不合，除權發遣京西路提點刑獄，固辭，改差簽書鎮寧軍節度判官。元豐元年知扶溝縣。三年，罷歸居洛講學。哲宗立，召爲宗正寺丞，未行而卒，年五十四。程顥與其弟程頤早年從周敦頤學，世稱二程，同爲理學奠基人。著有《明道先生文集》，由門人整理其日常講錄、經說等，後人以與程頤著作同編入《二程全書》。有詩六十九首，二殘句。

程顥詩選入《千家詩》作第一首者爲七絕《偶成》，詩如后：

雲淡風輕近午天，傍花隨柳過前川。
時人不識余心樂，將謂偷閒學少年。

《全宋詩》作「旁人」，「傍花」亦作「望花」。不論「時人」、「旁人」，「傍花」、「望花」，這首詩都很平淡，談不上什麼境界，只是適合兒童的順口溜，我兒時即背得滾瓜爛熟。他的另一首《秋日偶成》七律，似乎也是選在《千家詩》中的，詩如后：

閒來無事不從容，睡覺東窗日已紅。
萬物靜觀皆自得，四時佳興與人同；
道通天地有形外，思入風雲變態中。
富貴不淫貧賤樂，男兒到此是豪雄。

這首詩也談不上什麼境界。基本上還是進士階級士大夫的儒家思想。在他的《游鄠山詩十二首》中的最後一首《下山偶成》七絕中說得十分明白。詩如后：

襟裾三日絕塵埃，欲上籃輿首重迴。
不是吾儒本經濟，等閒爭肯出山來？

程顥早年從周敦頤學，又一生溷跡官場，而以理學名家，學者稱「明道先生」，實未明道。其易學難望邵康節，不但未明黃帝、老子之大道，其境界去同代前輩陳摶亦不可以道里計。何所據而云然？可以從邵康節三次被徵召而不起，陳摶被後周召為諫議大夫，不受。宋太祖要他作官他也不幹。這種超然物外，視富貴如浮雲，隱居深山，自得其樂，心中別有天地的思想境界，與程顥的不能忘懷功名利祿，相去何啻天壤？以詩論詩，程顥的《下山偶成》七絕和《秋日偶成》七律，又怎能與陳摶的《歸隱》七律相比？因「茲事體大」，我必須再引陳搏的《歸隱》詩作一對照：

十年蹤跡走紅塵，回首青山入夢頻。
紫綬縱榮爭及睡？朱門雖富不如貧；
愁聞劍戟扶危主，悶聽笙歌聒醉人。
攜取舊書歸舊隱，野花啼鳥一般春。

無論是才情、無論是思想境界，程顥與陳搏均不可因日而語。因爲程顥本質上是宋朝進士的儒家思想，而非孔孟的儒家思想；道學、理學是其外衣，周程去易經、黃、老思想甚遠。孔子在見了老子之後尚且對他的大弟子顏回說：

「丘之於道也，其猶醯雞與！微夫子之發吾覆也，吾不知天地之大全也。」

而宋理宗將周敦頤從祀孔子，使「理學」成爲替代道家思想的另一體系，實則是以假亂眞，也模糊了孔孟思想，而別有用心，以利家天下的專制。周程假道學也！程顥的《下山偶成》，更充滿假道學氣頭巾氣！假道學、理學，蒙蔽人性，壟斷知識、學術，使人失去眞我或不敢流露眞性情。連周敦頤、程顥的詩也遠不如陳搏等眞道家人物的詩。宋詩之不如唐詩乃宋朝進士詩不如唐朝進士詩，此與假道學、理學大有關係。方外人乃至青樓女子則少受其影響，尙替宋詩保留一線生機。而有才情的人多另闢蹊徑，以詞代詩，因詩宜於言志，詞則擅於抒情。言志易犯忌，抒情則多私，似無關宏旨也。故宋詞優於宋詩，成爲宋朝代表作品。但詞易使人纏綿徘惻，迴腸盪氣，不易激發慷慨悲歌豪情。如岳飛的《滿江紅》令人熱血沸騰者則少之又少也。而其《滿江紅》又不如《小重山》之細膩委婉令人同情。宋朝之積弱或與詞有關？如一九三七－一九四五之近代八年抗日戰爭的抗戰歌曲，首首均慷慨激昂，令人熱血沸騰，同仇敵愾。而《義勇軍進行曲》，中共更作爲國歌。或謂文運即國運，亦信而有徵也。

釋淨端

釋淨端（一○三一－一一○三），俗姓邱，字表明。歸安（今浙江吳興）人。肄業吳山解空講院，頓契心法，乃從仁岳法師受公《楞嚴》要旨。參寶覺齊岳禪師得悟。見弄獅子者，叢林號爲端師子，自號安閒和尙。徽宗崇寧二年趺坐而化，年七十二。有詩四十二首。以《睡起》、《蘭若雜言》之三兩首七絕詩情詩意較佳。

睡起

石枕藤床一榻低，覺來還自日沉西。
白雲堆裡翻身轉，一曲漁歌在碧溪。

此詩第三句有禪味，第四句詩意盎然。

蘭若雜言之三

老來無事掩柴扉，林下閒閒何所爲？

莫道茅庵無一物，窗前片片白雲飛。

此詩三四句意境豁然而出，第四句更生動高雅，爲精華所在。

王欽臣

王欽臣，字仲至，宋城（今河南商丘）人，洙子。文彥博荐試學士院。神宗熙寧三年，賜進士及第。元豐六年（一〇八三）爲陝西轉運副使，哲宗元祐初爲工部員外郎，奉使高麗、還，進太僕少卿，遷祕書監、代錢勰爲開封尹，改集賢修撰，知和州。有詩十三首。

使遼回謁恭敏李公席上作

穹廬三月已淹留，白草黃雲見即愁。
滿袖塵埃何處説？李家池上海棠洲。

此詩第二句寫北國風光與漢使情緒一個「愁」字了得。漢唐以來詩人寫塞外風光，多使塞內漢人卻步，因而國力不張。宋朝積弱，其來有自也。此詩較其年長之韋驤、馮小輩之詩多而不忍卒讀者已見性情，難得！其《遊王官谷》七絕亦復如此。詩如后：

鐘鼎山林出處明，中間不合枉高情。
有錢須買王官谷，流水聲中過一生。

此詩三、四兩句無假道學氣，亦難得也！詩有假道學氣，必死。

釋惟久

釋惟久（？—一一二四），安徽宣城人。梅詢女。因從夫守分寧，遂參死心禪師於雲巖，靈源禪師以空室道人號之。徽宗政和間，居金陵，與圓悟禪師、佛眼禪師相契，得二師稱賞。後於姑蘇西竺院薙髮爲尼。宣和六年卒。有偈二首、詩一首。

讀法界觀

物我元無二，森羅鏡象同。
明明超主伴，了了徹眞空；
一體含多法，交參帝網中。
重重無盡意，動靜悉圓通。

此詩爲悟道之作，作者已通老子「和光同塵」與佛家「衆生一體」之大義。了解「色即是空、空即是色、色不異空、空不異色。」之有無關鍵所在，而「動靜悉圓通」則爲觀照運用之妙也。惟久可謂佛道雙修矣。佛道中人非具宿慧者不易達此境界，在色相中打滾者大有人在也。詩人作家之「隔與不隔」，亦與此大有關係。文學慧業，非小道也。

李奎

李奎，英宗治平元年（一〇六四）以太常博士知同州韓城縣。有《司馬太史廟》律詩二首。爲司馬遷作不平之鳴，立論允當。錄其七律如后：

著書雖已先三史，論道如何後六經？
因雪李陵爲國士，豈期武帝有宮刑？
叢生荆棘迷墳塚，舊畫龍蛇照廟庭。
爲覽遺文來一奠，不知何在子長靈？

其五絕中之「荒祠鄰后土，孤塚壓黃河。」更令人有蒼涼悲壯之感，不止於對仗工穩也。

錢忠・吳江老人

錢忠，字惟思。少侍父湖湘，後以家禍零替，流客兩浙。英宗治平中，道過吳江，愛其風物，留戀不能去，諷詠遊賞，有長橋遇水仙之傳說。事見《青瑣高議》前集卷五。有詩四首。

贈仙翁

吳江高隱仙鄉客，衰鬢長髯白髮乾。
滿目生涯千頃浪，全家衣食一綸竿；
長橋水隱秋風軟，南淵煙浮夜釣寒。
因笑區區名利者，是非榮辱苦相干。

此詩爲錢忠贈仙翁詩之第三首。與一般寫漁翁詩大異其趣，別具特色。仙翁者當爲錢忠所戀「吳江女子」之父「吳江老人」。「吳江老人」亦有和錢忠七律一首如后：

向晚雲晴無限好，船頭又見亂堆簑。
卻無塵世名利厭，盡是市朝興廢歌；
全宅合來居水澤，此身常得弄煙波。
肥魚美酒尤豐足，自是幽人不願過。

「吳江老人」此詩不俗，絕非一般漁翁可比，故錢忠稱爲仙翁。其女「吳江女子」有《與錢忠》、《又與錢忠》七絕兩首，更栩栩如生。詩如后：

昨日相逢小木橋，風牽裙帶纏郎腰。
此情不語無人覺，只恐猜疑眼動搖。

其二

輕橈直入湖心裡，渡入荷花窣窣鳴。

何處漁謠相調戲？住船側耳認郎聲。

有其父亦有其女，這兩首七絕毫無假道學氣，充滿生命力和人性的純眞。錢忠如是小說家，以此一對父女的水上生涯，穿插兩人的戀情，當可寫出一本感人肺腑的小說也。

戴敷

戴敷，筠州（今江西高安）人，太學生。敷妻王，爲其父奪之歸。王旋死，敷負其骨歸筠。敷寄居岳陽，行洞庭湖畔，隱約煙波中有人，乃其妻也。相見道離索之恨。敷題詩於壁。詩云：

湖中煙水平天遠，波上佳人恨未休。
收拾鴛鴦好歸去，滿船明月洞庭秋。

故事悽惻，敷詩格調更高。「滿船明月洞庭秋」，眞是心如日月，哀而不傷。絕律詩之妙，非新詩所可同日而語也。

柳富

柳富，字闊卿，汴京（今河南開封）人。曾與衡州妓王幼玉相愛，有《贈王幼玉》古體詩及七絕各一首。敘事言情，均有可取者。宋朝進士，自周敦頤、程氏兄弟以降，假道學氣，頭巾氣尤重，詩作有至兩三千首，而無生氣，令人不忍卒讀者。一旦得讀錢忠、吳江父女、戴敷、柳富詩，耳目爲之一新。此輩均非長安道上客，更非館閣中人，不受名繮利鎖，作品雖僅一兩首，俱見眞性情。特將柳富古體詩、近體詩兩首一併錄下，以見宋人眞面目也。

贈王幼玉

此府樓閣高相倚，金碧户牖紅暉起。其間燕息皆仙子，絕世妖姿妙難比。偶然思念起塵心，幾年謫向衡陽市。阿嬌飛下九天來，長在娼家偶然耳。天姿才色擬絕倫，壓倒花衢衆羅綺。紺髮濃堆巫峽雲，翠眸橫剪秋江水。素手纖長細細圓，春筍脱向青雲裡。紋履鮮花窄窄弓，鳳頭翅起紅裙底。有時笑倚小欄杆，桃花無言亂紅委。王孫逆目似勞魂，東鄰一見還羞死。自此城中豪富兒，呼僮控馬相追隨。千金買得歌一曲，暮雨朝雲鎮相續。皇都年少是柳君，體段風流萬事足。幼玉一見苦留心，殷勤厚遣行人祝。青羽飛來洞户前，惟郎苦恨多拘束。偷身不使父母知，江亭暗共才郎宿。猶恐恩情未甚堅，解開鬟髻對郎前。一縷雲隨金剪斷，兩心濃更密如綿。自古美事多磨隔，無時兩意空懸懸。清宵長歎明月下，花時灑淚東風前。怨入朱弦危更斷，淚如珠顆自相連。危樓獨倚無人會，新書寫恨託誰傳。奈何幼玉家有母，知此端倪蓄嗔怒。千金買醉囑傭人，密約幽歡鎮相悞。將刃欲加連理枝，引弓欲彈鶼鶼羽。仙山只在海中心，風逆波緊無船渡。桃源去路隔煙霞，咫尺塵埃無覓處。郎心玉意共殷勤，同指松筠情愈固。願郎誓死莫改移，人事有時自相遇。他日得郎歸來時，攜手同上煙霞路。

又贈

臨流對月暗悲酸，瘦立東風自怯寒。湘水佳人方告疾，帝都才子亦非安。春蠶到死絲方盡，蠟燭成灰淚始乾。萬里雲山無路去，虛勞魂夢過湘灘。

釋道全

釋道全（一〇三六—一〇八四），字大同（《天台續集別編》卷五），俗姓王，洛陽（今屬河南）人。年十九得度，初遊彭城、壽春，後居瑞州。乃南嶽下十三世，寶峰文禪師法嗣（《五燈會元》卷一七）。神宗元豐七年卒，年四十九。事見《樂城集》卷二五《全禪師塔銘》。有詩六首。

道全壽不高，詩亦僅六首，除偈詩不論外（墨人按：因宋約自神宗以後，僧人詩禪味漸少，流於啞謎者多，寧宗、理宗以降似受理學影響，更無論矣。）其他五首均佳。錄其無煙火味七絕二首如后：

秋曉

飄飄楓葉草萋萋，雲壓天邊雁陣低。
何處水村人起早，櫓聲搖月過橋西。

此詩寫出「秋曉」的特色，而「櫓聲搖月過橋西」，更是神來之筆，其美無比。

題林景思雪巢

不嫌茅把蓋頭低，爲愛平簷野雪迷。
自與蘆花夢明月，夜寒空誤鶴來棲。

此詩寫「雪巢」爲前所未見，而三、四句亦是神來之筆，想像之豐富，益見其詩人氣質也。

蘇軾

蘇軾（一〇三七—一一〇一），字子瞻，一字仲和，自號東坡居士，四川眉山人。仁宗嘉佑二年（一〇五七）進士。六年，試制科，授簽書鳳翔府節度判官廳事。英宗治平二年（一〇六五），除判登聞鼓院，尋試館職，除直史館。神宗熙寧二年（一〇六九）除判官告院兼判尚書祠部、權開封府推官。四年，通判杭州。歷知密州、徐州。神宗元豐二年已未（一〇七九），移知湖州。烏台詩案獄起，貶黃州團練副使，四年，移汝州團練副使。八年春，得請常州居住，十月知登州。尋召除起居舍人，改翰林學士。四年知杭州，六年，除翰林學士承旨，尋知潁州。歷知揚州、定州。哲宗紹聖元年（一〇九四），貶惠州。四年，再貶儋州。徽宗即位，赦還，提舉玉觀局。建中靖國元年，卒於常州。年六十六。有詩四十九卷、二八三八首。

蘇東坡是宋朝的大詩人、詞人。他實際上生於仁宗景佑三年（一〇三六）十二月（辛丑）十九日（癸亥）卯時（乙卯），按公元計算已進入一〇三七，這是現代的換算，宋朝非按公元計算，所以仁宗景佑三年是丙子年，月日時不變，這才是他的「造化」。我在民國六十七年（一九七八）參考他的年譜，排出他的四柱是：丙子、辛丑、癸亥、乙卯。大運是：壬寅、癸卯、甲辰、乙己、丙午、丁未、戊申。四歲起運。根據這八個字的組合推算，蘇東坡一生的「天機」、「奧妙」，盡在其中，瞭如指掌。蘇東坡自己也懂命理、兼通易數，而且晚年學道學佛，何以見得？據東坡志林云：

「韓退之詩，我之生辰，月宿南斗。乃知退之以磨蝎爲身宮。僕以磨蝎爲命宮，生平多謗譽，殆同病也。」

由此可知，即使他不精通命學，亦知神煞喜忌。在戊寅年六十三歲時，因久不接其弟子由信，而「憂不去心，以周易筮之，得渙。」足見他也知從象、理、數中以解吉凶。

蘇東坡的四柱組合結構不大理想，月干辛爲偏印，本可生身，但爲年干丙財所破，丙辛合而不化，所以四十四歲行丙運時，丟官坐牢。偏印雖可生身，但偏印是梟神，梟神奪食，他四柱的精華就在時柱乙卯，卯爲天乙、文昌、長生、而月柱干支偏印又透又藏，對乙卯食神大爲不利。他官場失利，都因文字賈禍，一生事業失敗都敗在梟神奪食。何況他身坐傷官，本已不利於官場，又坐劫財，也不利妻室。他唯一得天獨厚的地方是時支天乙文昌同位，又坐長生，所以不但聰明絕頂，生時得享文名，死後亦流傳千古。我在二十一年前（一九七八）寫的《蘇東坡的造化》這篇拙作發表於民國六十七年六月二十日新生報，後又收入民國六十九年七月台中學人文化公司出版的《墨人散文集》中。在我讀完《全宋詩》蘇東坡的兩千八百多首詩，拿出拙作印證，若合符節。

就我讀遍蘇東坡全部詩詞後的整體印象而言，覺得他的詩不如詞，長詩不如短詩、律詩又不如絕句。和陶淵明的許多詩又不如陶。此中原因在於兩人的氣質不同，陶淵明淡泊自然，蘇東坡未離聲色，易露機鋒，不能渾然天成也。

現在再引蘇東坡的一些好詩。

吉祥寺賞牡丹

人老簪花不自休，花應休上老人頭。
醉歸扶路人死笑，十里珠簾半上鉤。

這是才子吐屬，後兩句畫龍點睛。「十里珠簾半上鉤」，生動而優美。整首詩不著斧鑿痕跡，妙手天成也。

北寺悟空禪師塔

已將世界等微塵，空裡浮花夢裡身。

豈爲龍顏更分別，只應天眼識天人。

悟空禪師名齊安。宣宗微時，師知其非凡人，故蘇東坡這首詩中有典，亦有禪味。「只應天眼識天人」者，即指悟空禪師有天眼通也。

題友人王復門前雙檜

凜然相對敢相欺，直幹凌空未要奇。
根到九泉無曲處，世間惟有蟄龍知。

這首詩我本不想錄，但它是「烏台詩案」的導火線，文字獄的開端，關係宋朝詩運，蘇東坡也因此走下坡而一蹶不振，終至客死常州，不能不錄。

初到黃州

自笑生平爲口忙，老來事業轉荒唐。
長江繞郭知魚美，好竹連山覺筍香；
逐客不妨員外置，詩人例作水曹郎。
只慚無補絲毫事，尚費官家壓酒囊。

這是蘇東坡自「烏台詩案」後初貶黃州的記事詩。他自注檢校官例折支，多得退酒囊。

題西林壁

橫看成嶺側成峰，遠近高低總不同。
不識廬山眞面目，只緣身在此山中。

這是他寫我故鄉名山廬山的詩，引用者甚多。

惠崇春江晚暑二首之一

竹外桃花三兩枝，春江水暖鴨先知。
蔞蒿滿地蘆芽短，正是河豚欲上時。

這是一首寫景即事好詩。「春江水暖鴨先知」引用者亦多。

贈劉景文

荷盡已無擎雨蓋，菊殘猶有傲霜枝。
一年好景君須記，最是橙黃橘綠時。

這也是一首不少人耳熟能詳的好詩。而他的《縱筆三首》七絕，是他貶到儋耳的詩，對他個人的生活狀況，著墨甚多，也是好詩。

寂寞東坡一病翁，白鬚蕭灑滿霜風。
小兒誤喜朱顏在，一笑那知是酒紅？
父老爭看烏角巾，應緣曾現宰官身。
溪邊古路三叉口，獨立斜陽數過人。
北船不到米如珠，醉飽蕭條半月無。

明日東家當祭竈，隻雞斗酒定膰吾。

題靈峰寺壁

靈峰山上寶陀寺，白髮東坡又到來。
前世德雲今是我，依稀猶記妙高台。

曹溪夜觀傳燈錄燈花落一僧字上口占

山堂夜岑寂，燈下看傳燈。
不覺燈花落，茶毗一個僧。

《全宋詩》「荼」字誤爲「茶」字，編者可能非佛門弟子，不知「荼毗」涵義。「荼毗」者義爲焚燒火葬也。蘇東坡晚年學道學佛，此詩又爲蘇東坡經過禪宗六祖惠能弘法之地曹溪時夜讀《傳燈錄》所作，「荼毗」二字用典貼切。

過嶺二首之二

七年來往我何堪?又試曹溪一勺甘。
夢裡似曾遷海外，醉中不覺到江南;
波生濯足鳴空澗，霧繞征衣滴翠嵐。
誰遣山雞忽驚起，半巖花雨落毿毿。

蘇東坡貶謫儋州五年，來往大庾嶺兩次，宋時徒步遲緩，艱苦備嘗，故有「七年來往我何堪」之句。這是一首寫他親身感受的七律好詩。

洗兒戲作

人皆養子望聰明，我被聰明誤一生。
惟願孩兒愚且魯，無災無難到公卿。

這首詩感慨很深，官場中人引用亦多。

自題金山畫像

心似已灰之木，身如不繫之舟。
問汝平生功業，黃州惠州儋州。

這首六言四句詩，總結了他官海浮沈一生的悲劇。黃州、惠州、儋州都是他「下放」的傷心之地。蘇東坡的造化不宜官場，因他四柱天干不透官殺、地支丑藏一己土，雖與子合（亥子丑會方，成比）也絕不可能像文彥博那樣歷事仁宗、英宗、神宗、哲宗四朝，游、濟二府，七換節鉞，出將入相五十餘年。連白居易、歐陽修的官運，福氣也不如。眞造化弄人也。

張舜民

張舜民，字芸叟，自號浮休居士，陝西長安人。英宗治平二年（一〇六五）進士，爲襄樂令。神宗元豐中，應環慶帥高遵裕辟掌機宜文字。元豐六年（一〇八三），因作《西征回途中》詩，貶監邕州鹽米倉，改監郴州酒稅。哲宗元祐初，以司馬光荐，爲監察御使，又因言事出通判虢州。元祐九年（一〇九四），以秘書少監出使遼國，使回爲陝西轉運使。歷知陝、潭、青三州，元符中罷。徽宗即位，召爲右諫議大夫，旋出知定州，改同州。入元祐黨籍，貶楚州團練副使，商州安置。後復集賢殿修撰，卒於政和中。有詩六卷。長詩少，絕律多，好詩亦多。

秋暮書懷

秋日平涼客，棲遲泮水間。
家貧思得祿，性懶要長閒；
欹枕時聞雁，登城忽見山。
征西舊時將，大半髮毛斑。

《秋暮書懷》共五律九首，錄其第一首，以見一斑。此詩「家貧思得祿，性懶要長閒」已見眞性情。非假道學也。

秋晚三之二

官事私憂總不論，每于樓上到黃昏。
江城日暮須吹角，野寺僧歸自掩門；
秋晚山川多草木，年豐場圃足雞豚。
人生幾有淵明樂，稚子迎門酒滿樽。

這種即景即事詩絕非向壁虛構，而有生活體驗作基礎，不是華而不實的詩。

圓覺院聞杜鵑

秦川渺渺楚天長，血色山花哭斷腸。
謝汝殷勤苦相勸，如今倦客已還鄉。

歷來寫杜鵑的詩甚多，此詩亦不落窠臼。

西征回途中二絕

靈州城下千株柳，總被官軍砍作薪。
他日玉關歸去路，將何攀折贈行人。

青銅峽裡韋州路，十去從軍九不回。
白骨似沙沙似雪，將軍休上望鄉台。

這兩首都是寫實之作。張舜民就是因爲這兩首詩而貶官。如果沒有文學良心和道德勇氣，是不會寫這種冒大不韙的詩的。唐詩中也未見這種作品。

贈杜山人

才疏性懶一微官，終日沉埋塵土間。
安得便爲歸去計，共君吟詠伴君閒。

從這首詩也可以看出作者善良的詩人氣質。「共君吟詠伴君閒。」是非常溫馨而有人情味的句子。

漁父

家住東江邊，門前碧水連。
小舟勝養馬，大罟當耕田；
保甲元無籍，青苗不著錢。
桃源在何處？此地有神仙。

寫漁父的詩詞多不勝數，此詩別具一格，前所未見。作者深入民間，毫無頭巾氣與假道學氣。我先認爲唐朝大詩人杜荀鶴是民間詩人，就宋詩而言，張舜民更是民間詩人。

百舌

學盡百禽語，終無自己聲。
深山喬木底，緘口過平生。

這首雖是張舜民對百舌鳥的批評，用之於詩人作家也一語中的。詩人作家最要緊的是寫出自己的作品。張舜民作到了，他的詩與衆不同。幸好他並沒有「緘口過平生」，我們才能看到這些與衆不同的作品。

釋仲殊

釋仲殊，字師利，湖北安陸人。俗姓張，名揮。因妻投毒，食蜜而癒，遂棄爲僧，人號蜜殊。住蘇州承天、杭州吳山寶月寺。與蘇軾交甚善。徽宗崇寧中卒。有詩十四首。好詩最多。

潤州

北固樓前一笛風，斷雲飛出建昌宮。
江南二月多芳草，春在濛濛細雨中。

訪子通

多年不見玉川翁，今日相逢小榭東。
依舊清涼無長物，只餘松檜養秋風。

京口懷古二首

此顧橫江盡，東商第一州。
六朝都在望，回首倦登樓。

一昨丹陽王氣銷，盡將豪侈謝塵囂。
衣冠不復宗唐代，父老猶能道晉朝；
萬歲樓邊誰唱月？千秋橋上自吹簫。
青山不與興亡事，只共垂楊伴海潮。

荷花

水中仙子並紅腮，一點芳心兩處開。
想是鴛鴦頭白死，雙魂化作好花來。

釋仲殊的詩非一般進士詩可比，眞是一個「雅」字了得！《荷花》詩更是別出心裁，言人之所未言者。

李甲

李甲，字景元，自號華亭逸人，今上海松江縣人。作逸筆翎毛，有意外趣。善塡詞，小令有聞於時。與蘇軾唱和。有詩三首，均佳，錄其二首。

起果敎院見遠亭

高僧欲縱目，橋上建橫亭。
野水茫茫白，群山點點青；
客帆風送葉，漁火夜遺星。
看盡朝昏景，天涯一畫屏。

此詩不但對仗工穩，最後兩句更將「見遠」具體表現出來。「天涯一畫屏」句無可取代。

題畫

誰潑煙雲六尺綃？寒山秋樹晚蕭蕭。
十年來往吳淞口，錯認溪南舊板橋。

作者不但畫「有意外趣」，詩亦爲此。無怪其自號華亭逸人也。且《題畫》詩已突破時空，如非在《全宋詩》中，當以爲今人作品也。

李行中

李行中，字無悔，本霅川人，徙居松江（今屬上海）。不仕，以詩酒自娛。晚治園亭，號醉眠。與蘇軾遊從。有詩五首，均佳。錄其三首。

醉眠亭

檐低檻曲莫嫌隘，地僻草深宜晝眠。
代枕暮憑溪上石，當簾時借屋頭煙；
倦遊拂壁畫山遝，貪醉解衣還酒錢。
一水近通西浦路，客來猶可棹漁船。

以石代枕，以煙代簾，解衣還酒錢，即此三事，可見其雅也。

趙明叔太傅未識醉眠亭先貺佳篇

要認荒亭路不賒，浦西橋北對漁家。
窗嫌日曝新栽竹，蔬占畦長未種瓜；
壁上客來堆醉墨，籬根潮過積寒沙。
被人誤號陶潛宅，也學門前五柳遮。

這首詩對「醉眠亭」描寫得淋漓盡致，雅趣橫生。

賦佳人嗅梅圖

蠶眉鴉鬢縷金衣，折得梅花第幾枝。
嗅盡餘香不回面，思量何事立多時？

這首詩不但描寫佳人的眉髮衣飾如畫，動作、思想亦在其中，眞高手也。

釋仲淵

釋仲淵，字潛老，浙江德清人。祝髮梅林爲僧，蘇軾爲親書度牒，叢林榮之。有《上蘇子瞻》詩一首如后：

文昌落落昌黎老，風物蕭蕭李謫仙。
二子本來爲獨擅，使君才力已雙全。

這首詩將蘇東坡捧得比韓愈、李白還高，認爲蘇東坡兼兩人之長。似嫌過當。蘇軾氣質、才華高於韓愈無疑，較之李白似稍遜一籌。但李蘇各有千秋，各有其可愛之處，不宜一概而論也。如欲細作比較，非寫一本書不可。如就兩人「造化」而論，則易探驪得珠。吾老矣！年齒已長於李、韓、蘇，實不欲再多費精神於此也。

釋惠覺

釋惠覺，一名昷覺。鹽官（今浙江海寧）人。早與鄉人施德操有交、爲蘇軾、米芾所禮，性樸野，喜爲詩。但《全宋詩》僅錄其詩一首如后。

題大慈塢祖塔院

谷口兩三家，平田一望賒。
春深多遇雨，夜靜獨鳴畦；
雲暗來通月，林香始辨花。
誰驚孤枕曉，濤白捲江沙。

宋朝好詩，進士中人少，方外人多，此非以量勝，而以質勝，進士好詩百不得一，方外人好詩則十之八九。進士詩往往兩三千首難得一佳，方外人少、詩少，幾乎首首都好。其原因在於方外人了無俗韻，不同凡響。進士反之，詩多陳腔濫調，往往不忍卒讀也。如張舜民深入基層，生活經驗豐富，創新而無俗韻者，少之又少也。

張璪

張璪（？—一〇九三），初名琥，字邃明，瓌第。安徽全椒人。仁宗嘉佑二年（一〇五七）進士。歷鳳翔法曹，縉雲令。神宗熙寧中，同編修中書條例，同修起居注。以事出知蔡州。元豐初，入權度知副使，知制誥、知諫院。鞫治蘇軾獄，謀制軾於死。四年（一〇八一），拜參知政事。改中書侍郎，哲宗立，罷知鄭州。元祐八年卒於知揚州任。謚簡翼。有詩二首，不俗。

落雁亭

千古南譙炳地靈，穿雲雁塔自層層。
殘煙落日荒墟上，父老相傳落雁亭。

瓊花

此花已去不須嗟，亡國亡家總爲花。
父老不知前日事，逢人口口道瓊花。

韓忠彥

韓忠彥（一〇三八—一一〇九），字師朴，河南安陽人。琦長子。以父蔭爲將作監簿，復舉進士。以秘書丞召試館職，爲開封府判官，三司鹽鐵判官，出通判永寧軍。召爲戶部判官，元豐中擢天章閣待制，知瀛州，拜禮部尚書，以樞密直學士知定州。哲宗元祐中，召爲戶部尚書，遷知樞密院事，哲宗親政，以觀文殿學士知眞定府，移知定州。降資政殿學士，改知大名府。徽宗即位，以吏部尚書召拜門下侍郎，踰月，拜尚書右僕射兼中書侍郎，進左僕射兼門下侍郎，封儀國公。與右相曾布不協，以觀文殿大學士知大名府。累貶磁州團練副使，以宣奉大夫致仕。大觀三年卒，年七十二。有詩三首，二佳。

題江干初雪圖

諸公當日聚巖廊，半謫南荒半已亡。
唯有紫樞黃閣老，再開圖畫看瀟湘。

梨花

風開笑頰輕桃艷，雨帶啼痕白玉容。
蝶舞只疑殘雪壓，月明唯覺異香濃。

呂希哲

呂希哲，字原明，安徽鳳台人。公著長子，學者稱榮陽先生。以蔭入官。哲宗紹聖初，出知太平州，會讜論起，以秘閣校理知懷州，俄謫居和州。元符末，知相州、徙邢州，罷，領官祠，羈寓淮、泗間十餘年，卒。有詩六首。其七絕「臥看江南雨後山」爲佳句。《登單州城樓》即景亦佳。詩如后：

斷霞孤鶩欲寒天，無復青山礙目前。
世路崎嶇飽經歷，始知平地是神仙。

呂希純

呂希純，字子進，安徽鳳台人。公著第三子。第進士，爲太常博士。哲宗元祐中歷宗正、太常、祕書丞，遷著作郎，以父諱不拜。擢起居舍人，權太常少卿。拜中書舍人，同修國史。紹聖中，章惇爲相，出知亳州，徙睦州、歸州。公著追貶，希純亦累貶舒州團練副使，道州安置。徽宗建中靖國元年（一一〇一），還爲待制，知瀛州。崇寧初，入黨籍，卒。年六十，有詩二十首。

民表圓同庵

翠竹庵前久不疑，雨花巖畔更忘機。
何人得似江居士？在定時多出定稀。

此詩題爲《民表圓同庵》，實際是寫庵中江居士。佛家弟子在家者稱居士，出家者稱比丘比丘尼。無論在家出家，修行人必須打坐。打坐時心無雜念，則易入定，入定時靈體脫離肉體，上焉者穿過三界，直上淨土，且能無所不去。但三界內境界甚多，以假亂眞，多屬陷井，如無明師指點、護持，則易入魔。入定時間長短不一，有多至數小時、數日、數年者。（死後上極樂世界者則稱涅槃。）靈體回歸肉體稱爲出定。佛道兩家修行有成者均能隨時入定出定。此詩所稱「在定」即「入定中」也。

蘇轍

蘇轍（一〇三九—一一一二），字子由，一字同叔，晚號穎濱遺老，四川眉山人。洵子、軾弟。仁宗嘉祐二年（一〇五七）進士，六年，又舉才識兼茂明於體用科。英宗治平二年（一〇六五），爲大名府留守推官。神宗熙寧二年（一〇六九），召爲制置三司條例司檢評文字，與王安石不合，出爲河南推官等。元豐二年（一〇七九），兄軾被罪，轍亦坐貶監筠州鹽酒稅。哲宗元祐元年（一〇八六）入爲右司諫，尋遷起居郎，中書舍人，累遷尚書右丞。七年，擢大中大夫守門下侍郎。八年，哲宗親政，起用新黨。紹聖元年（一〇九四），以元祐黨人落職，出知汝州、袁州，又降授朝議大夫，分司南京，筠州居住。四年，責授化州別駕，雷州安置。元符元年（一〇九八），遷循州。徽宗即位，北徙永州、岳州，復大中大夫，提舉鳳翔上淸太平宮，定居穎昌府。崇寧中，重開黨禁，罷祠。大觀二年（一一〇八），復朝議大夫，遷中大夫。政和二年（一一一二），轉大中大夫致仕，同年十月卒，年七十四。孝宗淳熙中，追謚文定。有《詩傳》、《春秋傳》、《欒城集》行世。詩二五卷。

蘇轍詩亦多，但長詩、和詩、挽詩等應酬作品多，和其兄蘇軾詩即不在少數，有一般進士詩通病，陳腔濫調者多，眞性情者少。而其才情則不如乃兄蘇軾，故可取者少。

逍遙堂會宿二首

逍遙堂後千尋木，長送中宵風雨聲。
誤喜對床尋舊約，不知漂泊在彭城。

秋來東閣涼如水，客去山公醉似泥。
困臥北窗呼不起，風吹松竹雨淒淒。

此兩詩爲與其兄軾闊別七年，於熙寧十年二月復會於澶濮之間，相從來徐州，留百餘日，共宿於逍遙堂所宿的記念詩，以其兄弟手足情之深，此兩首亦少感人之處。

歸宗寺

來聽歸宗早晚鐘，疲勞懶上紫霄峰。
墨池漫疊溪中石，白塔微分嶺上松；
佛宇爭推一山甲，僧廚坐待十方供。
欲遊山北東西寺，巖谷相連更幾重。

萬杉寺

萬木青杉一手栽，滿堂白佛九天來。
涓涓石溜供廚足，矗矗山屏繞寺開；
半榻松陰秋簟冷，一杯香飯午鐘催。
安眠飽食平生事，不待山僧喚始迴。

這是蘇轍《遊廬山山陽七咏》中的兩首七律，也是我讀過他的律詩中最好的兩首。故鄉廬山是天下名山，占刹甚多，山南即有海會寺、棲賢寺、萬杉寺、開元寺、歸宗寺，還有道家的簡寂觀、白鶴觀。其中以歸宗寺、萬杉寺規模最大，六十多年前我遊歸宗寺時聽老和尚說從前可容和尚八百人，簡寂觀在晉朝時有一高道陸修靜常與陶淵明聯袂往訪山北東林寺淨土宗創始者慧遠大師，三人晤談甚歡，往往愈時而別，慧遠送客向不過虎溪橋，有一次送他們過了橋，虎即吼嘯阻止，三人相視而笑，是爲「虎溪三笑」故事。《歸宗寺》詩中的「欲遊山北東西寺」，即指東林寺西林寺也。蘇轍的第一首《開先瀑布》七律，與李白的《望廬山瀑布》七絕則相去不可以道里計。他寫故鄉九江紀念白居易的《琵琶亭》五律，與白居易的《琵琶行》更不可同日而語也。

王詵門客

王詵門客，姓名不詳。《苕溪漁隱叢話》載：王晉卿都尉，既喪蜀國（英宗女），貶均州，姬侍盡逐。有一號囀春鶯者，色藝兩絕，平居屬念，不知流落何許？復二年，內徙汝陰，聞泣聲甚怨，問乃囀春鶯也。因賦一聯佳人云云。客有足成章者，晉卿覽之，尤愴然。門客《上王晉卿》七律甚佳。其頸聯「佳人已屬沙吒利，義士今無古押衙」，更多流傳。全詩如后。

上王晉卿

幾年流落向天涯，萬里歸來兩鬢華。
翠袖香殘空浥淚，青樓雲渺定離家；
佳人已屬沙吒利，義士今無古押衙。
回首音塵兩沉絕，春鶯休囀沁園花。

白麟

白麟，曾寓居敍州（今四川宜賓東北）。神宗熙寧二年（一〇六九），知華州。郭源明曾審理白麟偷稅公事，可略知其生活時代。有詩八首，無陳腔濫調，均清新可讀。

遊盤溪園序二之一

愛梅愛竹愛溪山，可惜天公未放閒。

待學盤溪溪上老，松門雖設日常關。

合江探梅

艇子飄搖喚不回，半溪清影漾疏梅。
有人隔岸頻招手，和月和霜剪取來。

寫景詩亦應以人襯托，方是活景，富動態美。此詩三四兩句，有此效果。

張峋

張峋，字子望，河南滎陽人。峋弟，受學於邵雍，與兄同登進士。官太常寺主簿，早逝。有《觀洛城花呈堯夫先生》七絕一首，甚佳。詩如后：

平生自是愛花人，到處尋芳不遇眞。
祇道人間無正色，今朝初見洛陽春。

邢恕

邢恕，字和叔，鄭州原武（今河南原陽西）人。早年從二程學，舉進士，補永安主簿。歷任崇文院校書，知延陵縣、館閣校堪、職方員外郎、起居舍人、永州監倉、知青州、刑部侍郎、御史中丞、知汝州、太原等州府。卒年七十。有詩十首。《隨州》一首較佳。詩如后：

荆楚西南地，清明咫尺天。

遠山猶帶雪，高柳已藏煙。

此詩「遠山猶帶空，高柳已藏煙。」已透春消息也。

趙士掞

趙士掞，字才孺，太宗五世孫。徽宗建中清國元年（一一〇一），贈普州陽侯。有《登天清閣》七絕一首，甚佳。詩如后：

夕陽低盡已西紅，百尺樓高萬里風。

白髮少年何處得？只應多在倚欄中。

方惟深

方惟深（一〇四〇—一一二二），字子通，原籍福建莆田，父卒葬長洲（今江蘇蘇州），因家焉。舉鄉貢第一，試進士不第，遂與弟躬耕。徽宗崇寧四年（一一〇五）詔舉遺逸，得興化軍助教。宣和四年卒，年八十三。有詩二十七首，好詩多。

古柏

四邊喬木盡兒孫，曾見吳宮幾度春。
若使當時成大廈，也應隨例作埃塵。

此詩前兩句，寫出柏樹之「古」；後兩句表現了「塞翁」哲學思想，頗有深意。

千人石

生公天人師，講法花雨墮。
當時聽法眾，片石千人坐。
山祇常護持，山鳥不敢污。
野人心茫然，傲蕩多酒過。
醉來不肯歸，石上看雲臥。

「孫公說法，頑石點頭。」作者寫千人石，表現了兩種人情：「信眾」與「野人」的不同心態。「片石千人坐」者信眾也。「石上看雲臥」者「野人」也。野人逍遙自在。妙在「石上看雲臥」的「臥」字。

雪

剪水飛花看地乾，世間顏色比應難。
謝家兒女空才思，只作因風柳絮看。

作者以柳絮喻雪，用典很雅。

漁父

一葉生涯逐浪流，悠悠生事共萍浮。
蓑披殘雪湘江晚，鉤拂紅塵渭水秋；
買酒解衣楊柳岸，得魚炊火荻蘆洲。
興闌卻返扁舟去，半掩柴門古渡頭。

這首詩寫出漁父的眞實生活狀況，而又無一句不雅。

舟下建溪

客航收浦月黃昏，野店無燈欲閉門。
半出岸汀楓半死，繫舟猶有去年痕。

作者用字造句之妙之美，少有其匹。第三句寫岸邊楓樹突出，成爲繫舟之樁腳而致半死，第四句再作補充，「去年痕」三字用得妙而雅。方惟深眞是一位錦心妙手的大詩人。許多浪得虛名的詩人難望其項背。蘇子由亦相形見絀。

孔仲武

孔仲武（一〇四二—一〇九七），字常父（甫），臨江新喻（今江西新余）人。仁宗嘉祐八年（一〇六三）進士。調谷城主簿，選教授齊州，爲國子直講。哲宗元祐初，歷集賢校理，著作郎，國子司業。進起居郎兼侍講邇英殿，除起居舍人，改中書舍人，直學士院。擢給事中，遷禮部侍郎，以寶文閣待制知洪州，徙宣州。紹聖四年，坐元祐黨奪職，管勾洪州玉隆觀，池州居住。卒年五十七。與兄文仲、弟平仲並稱三孔。黃庭堅有「二蘇聯璧，三孔分鼎」之譽。有詩七卷。好詩多於蘇子由。

何君表留大舟於潯陽不敢乘既至湘陰寄絕句謝之

洞庭秋水接天流，萬户樓帆不易收。
才力似君方稱副，此身只合載漁舟。

次韻和王敏仲望祝融峰

僧居曉看一峰青，迴絕纖塵點畫屏。
會有片雲來觸石，江湖三日雨冥冥。

以上兩首七絕，均可見孔仲武才情。第一首「此身只合載漁舟。」更可見其謙沖。第二首爲和詩，和詩少有佳作，此詩一如首創，揮灑自如。

紫極宮默軒

宴坐寂不語，先生心謂何？
逍遙疏世味，恬淡養天和；

一息忘言後，方知得象多。

壺中藏日月，鼎裡煮山河。

此詩寫道教宮觀默軒，不但寫出道家旨趣，而且透出「默」味。「一息忘言後，方知得象多」更可看出作者有道家修持體驗。「壺中藏日月，鼎裡煮山河。」與呂洞賓的「柱杖兩頭擔日月，葫蘆一個隱山川。」類似，不但口氣大，似已得個中三昧也。

江上

萬里長江一葉舟，客心蕭索已驚秋。

亂霞影照山根寺，落日光翻水面樓；

淺浦耀金知躍鯉，前灘點雪見棲鷗。

少年壯氣悲寥廓，未忍滄江下釣鉤。

這是一首很美的寫景抒情七律，末句更有仁人之心。一孔不讓二蘇也。

范祖禹

范祖禹（一〇四一—一〇九八），字淳甫（一作敦夫、純父），一字夢得，四川成都人。仁宗嘉祐八年（一〇六三）進士。初仕資州龍水令。後從司馬光編《資治通鑑》，居洛陽十二年。神宗元豐元年（一〇七八），爲祕書省正字。哲宗元祐元年（一〇八六），除著作郎、修《神宗實錄》檢討，遷著作郎兼侍講。四年，拜右諫議大夫，遷給事中，兼國史院修撰，爲禮部侍郎。六年，拜翰林學士，因叔百祿在中書，改侍講學士。八年，因反對章惇入相，以龍圖閣學士出知陝州。後以元祐黨籍連貶武安軍節度副使，昭州別駕，安知永州、賀州、又徙賓州、化州。元符元年卒，年五十八。有詩三卷。錄三首。

和張二十五春日見寄

莫恨生華髮，唯須不負春。
風光無老少，祇屬有情人。

這是五首中的第二首，意在不負春光，不分老少，及時行樂，言淺意深。

夜直聞御溝聲

銀河秋瀉月明中，雲卷風吹下碧空。
終夕玉堂魂夢冷，蜀江聲繞水晶宮。

這是寫他宮中值夜情景，禁中清冷，唯聞御溝流水聲。

九日寄諸弟

白髮宜新酒，黃花似去年。
懷歸雙劍路，極望九秋天。
喬木兩山外，觚稜北斗邊；
遙知行樂處，藥市隱眞仙。

這和白居易寄浮粱大兄、於潛七兄、烏江十五兄、兼示符離及下邽弟妹詩內容不同，與東坡與子由唱和內容也大異其趣。各人生活背景不同也。此詩白髮、黃花、藥市眞仙，亦具一格，不妨參考。

舒亶

舒亶（一〇四一——一一〇三），字佳道，號懶堂，亦樂居士。浙江慈溪人。英宗二年（一〇六五）進士。授臨海尉，因手刃犯人自劾棄官。神宗熙寧中，召爲審官西院主簿。七年（一〇七四），使熙河括田，還，以功改提舉兩浙常平。八年，入爲權監察御使裡行，加集賢校理。元豐二年（一〇七九），論奏蘇軾謝表譏切時事，並上其詩三卷，釀成「烏台詩案」。三年，撰同修起居注，改知諫院。四年，權侍御史知雜事，知制誥，兼判國子監，判司農寺。五年，試給事中，權直學士院，爲御史中丞。六年，以奏事詐僞追兩秩勒停。哲宗紹聖元年，復通直郎，管勾洞霄宮。徽宗崇寧元年，起知南康軍，改知荊南，以功遷龍圖閣待制。二年卒，年六十三。有詩二卷。好詩甚多。

村居

水繞陂田竹繞籬，榆錢落盡槿花稀。
夕陽牛背無人臥，帶得寒鴉兩兩歸。

此詩寫農村景象，生動逼眞。詩中有畫也。

湖心寺偶書

吹落清香縹緲風，樓台彷彿水邊紅。
人間誰是丹青手？畫起春湖細雨中。

此詩甚美，作者即丹青妙手也。

題法喜院二首

是院一瓦一木，皆自能師手，而師丈室惟布衾木枕，無復長物，即之坐，龐眉皓頂，泊然似不能言者，無乃眞有道耶？

抱山重屋兩迴廊，松檜如雲百尺長。
香火它年誰第一？老師辛苦頂如霜。

了無情解作攀緣，一缽三衣只兀然。
坐對青山不知老，學人休問祖師禪。

作者不但爲七絕寫景抒情妙手，應是白衣高人。

送道士歸桐柏觀

年來遊盡海邊山，獨愛青青桐柏壇。
光射斗牛腰下劍，氣吞龍虎鼎中丹；

白雲千疊赤城小，黃鶴一聲華頂寒。
玉筍姓名仙約在，洞天莫放酒杯乾。

秋日登中山懷道人

不見風流李謫仙，彩箋誰繼碧雲篇？
黃花零落芙蓉老，惟有青山似去年。

以上絕律二首，均與道家有關。作者不但才情洋溢，其佛道雙修者歟？不通佛道思想，詩格難高。

題明覺寺在在堂十二之四

斷橋高下路橫斜，隔水人煙四五家。
雨後一枝紅帶雪，風流不道有巖花。

題崇福禪院二之二

龕燈隱隱夜初分，落果猿啼枕上聞。
客夢欲成成不得，一窗殘月半床雲。

「一窗殘月半床雲」，雅到極點，前無古人。

舒亶的詩不多，但好詩很多很多，不能盡錄，爲前此進士詩所少有，實難能可貴。其所以如此者，全在毫無假道學氣與頭巾氣也。欲寫好詩，必須存眞去僞，更須佛道雙修，方能提高思想境界，不但詩如此，小說更如此。

王氏

王氏，江西臨川人，王安石長女，適寶文閣待制吳安持，封蓬萊縣君。有詩二首。均佳。

寄父

西風不入小窗紗，秋氣應憐我憶家。
極目江南千里恨，依然和淚看黃花。

戲咏白羅繫髻

香羅如雪縷新裁，惹住烏雲不放回。
還似遠山秋水際，夜來吹散一枝梅。

王荆公是大詩人大政治家，是唐宋八大家之一。但他的詩缺少我們江西另一位大詩人、詞人歐陽修的那分柔情。而他的女公子這兩首七絕詩，正好補彌他的不足之處。當他看到她那首《寄父》詩時，也應和淚而笑也。有女才情如此，比當宰相更值得欣慰。

李慎言

李愼言，字希古，江蘇海州（連雲港）人。曾爲趙令時師。據《侯鯖錄》載：自言昔夢中至一宮殿，有儀衛，中數百妓抛球，人唱一詩，覺而記其二首。題爲《抛球曲》，以第二首爲佳。詩如后：

隋家宮殿鎖清秋，曾見嬋娟颺繡毬。
金鑰玉簫俱寂寂，一天明月照高樓。

安惇

安惇（一〇四二—一一〇四），字處厚，四川廣安人。上舍及第，調成都府教授。神宗元豐六年（一〇八三）擢監察御史。哲宗初政，罷爲利州路轉運判官，歷夔州、湖北、江東三路。紹聖初，召爲國子司業，改右司員外郎。四年（一〇九七），權吏部侍郎，遷右諫議大夫。元符元年爲御史中丞，三年出知潭州，尋放歸故里。以郊赦復官，提舉太平觀，起知滁州，召爲兵部尙書。徽宗崇寧二年（一一〇三），拜同知樞密院事。三年卒，年六十三。有詩二首。

再遊太虛觀

昔年遊歷訪霓旌，多謝仙師數里迎。
今日重來知有意，此身應不爲公卿。

據《能改齋漫錄》載：樞密安公處厚，元祐末爲江東漕使，因遊廬山太虛觀，未至數里間，有道士紫衣皀巾，領徒七人迎謁，既而不知所在。問左右皆無見者。至觀謁陸修靜仙師遺像，則宛然其人也。元符庚辰，公再到，賦詩如上。

墨人按：陸修靜爲晉時人，爲故鄉廬山簡寂觀高道，常與陶淵明聯袂至東林寺與淨土宗創始大師慧遠談佛論道，樂而忘返。慧遠「影不出戶，跡不入俗，送客不過虎溪橋。」一日送陶、陸出寺，三人攜手暢談、樂而忘返，行過虎溪橋，虎吼而止，三人相視而笑。是爲「虎溪三笑」故事。陶淵明、陸修靜距安惇爲江東轉運判官時已七、八百年，安惇自不識陸修靜。安再遊太虛觀謁其遺像，始知前所見道士即陸修靜也。但非其肉體，乃陸靜修之化身也。佛道中得道高人，無論生前死後，均有化身，乃至千百億化身。觀世音即以三十二應身隨緣度化眾生。凡讀佛經者，均知其事，決非妄語。安惇見陸修靜化身，不足奇也。惜道家受政治打壓，自漢武帝以後轉入地下，未能正常發展。老子遺五千言而去，更未如釋迦牟尼公開弘法，能承老子餘緒者少之又少，可嘆亦復可悲！至於余英時認爲老子是「反智」的，則是只見樹木，不見森林的門外漢語，甚至包藏反中華文化的大禍心，則其心可誅矣！

劉純臣

劉純臣，神宗熙寧中爲新建主簿。有詩二首。

送王迪夫婦偕隱

髮如林臻左參軍，脱去青衫從隱淪。
世上更無羈絆事，壺中別有自由身；
鼎熟玉兔山前藥，花看金鰲背上春。
莫怪少年能決裂，藍田夫婦總登眞。

據《苕溪漁隱叢話》載：熙寧中，王迪爲洪州左司理參軍，一日有道人來磨鏡，因俾迪自照，乃有星冠羽帔，縹緲見鏡中。迪問其故，曰此汝前身也，由汝誤念墮此。迪遂棄官與妻隱去。郡僚皆作詩以餞行。時劉純臣爲新建主簿，其詩乃紀實也。詩亦佳。

詠周貫

八十西山作酒仙，麻鞋孔斷布衣穿。
形骸一脱塵緣盡，太極光陰不計年。

據《苕溪漁隱叢話》載：周貫，自言膠東人。善屬文，遊於洪州西山、西山之人見周貫往來者五十餘年，而顏如初至。熙寧元年，至豫章石頭市，遇故人張生棲止，張生爲具酒食而宿。中夜，逆旅之主人聞戶外有車馬合沓聲，起而視之，無有也。唯貫所臥室戶正開，猶奄奄然喘息，就而察之，貫已死矣。張生還家，其弟迎門曰：「周翁凌晨見過，今往雙嶺矣。」衆乃知貫非實死矣。純臣以詩紀之。詩亦佳。

朱素

朱素，字履常，安徽宣城人。神宗熙寧間進士。元豐二年（一〇七九）知瑞安縣。有《岑崎山》五絕一首，極佳。詩如后：

小洞隱遙岑，松蘿翠復陰。
遊人曾不到，方信白雲深。

釋重喜

釋重喜，浙江紹興人。少以捕魚爲生，不識字，日誦觀世音菩薩。一日輒能書《竹坡詩話》。神宗元豐中，曾居法雲寺。有頌一首，斷句兩句如后：

頌

地爐無火一囊空，雪似楊花落歲窮。
乞得苧麻縫破衲，不知身在寂寥中。

句

行到寺中寺，坐觀山外山。

六祖惠能爲一不識字的樵夫，而成一代宗師，將釋迦牟尼思想與老子思想自然結合：而將中土佛教禪宗推至最高峰，此一貢獻無與倫比。而依物質世界思維邏輯而產生的西方哲學、宗教，欠缺佛道兩家思想的圓融圓通，只是帝國主義的溫床而已，後患無窮。釋重喜頌詩思想境界高雅灑脫，進士詩人實難望其項背。釋重喜宿慧天生，亦非凡胎也。

高坦

高坦，神宗熙寧間道士。有詩一首。

留別句容簿

巖下相逢不忍還，狂歌醉酒且盤還。
仇香莫問神仙事，天上人間總一般。

據《西溪叢話》載：熙寧間，江寧府句容簿，失其姓名，至茅山，遇道人高坦，被髮跣足，與簿劇談飲酒終日，書一詩留別而去，不知所之。

高坦道士亦非等閒之輩。高道高僧，多有神通，但不輕易示人。呂洞賓、觀世音多以化身顯現，濟公活佛亦非眞癲，以方便法度人也。高坦詩亦神仙吐屬，謫仙李白詩僅有仙氣而無道行。

張亶

張亶，神宗熙寧時人，有《夢中詩》一首如后：

天風吹散赤城霞，染出連雲萬樹花。

誤入醉鄉迷去路，傍人應笑不還家。

據《西清閒話》載：張亶，熙寧中夢行入空中，徐見海中樓闕金碧，瓊裾琅珮者數百人，揖亶，出紙請賦，且戒之曰：「此間文章，要似隱起鸞鳳，當與織女機杼分巧，過是，乃人間語耳。」亶成一絕句如上。此詩無煙火味。

夢中詩常有，歐陽修亦有夢中詩。夢境因人而異，詩亦因人而異，詩的好壞更因人而異。

釋道潛

釋道潛，本名曇潛，號參寥子，賜號妙總大師。俗姓王，一說姓何。錢塘人。一說於潛（今浙江臨安西南）人。幼即出家爲僧，能文章，尤喜作詩，與蘇軾、秦觀等當時名士多有唱和。哲宗紹聖間，蘇軾貶海南，道潛亦因詩獲罪，責令還俗。徽宗建中靖國元年（一一〇一），曾肇爲之辯解，復爲僧。崇寧末，歸老江湖，其徒法穎編有《參寥子詩集》十二卷行於世。《全宋詩》亦有其詩十二卷。

道潛雖自幼出家爲僧，然讀其詩，與當時名士唱和之多，詩作之多，實所罕見。「參寥子」又爲道家稱號，實乃佛道雙修者也。道潛詩以絕句最佳，多瀟灑飄逸之致。

睡起

紅芳落盡踏青青，啞吒黃鸝隔樹鳴。
午睡覺來聽不足，杖藜重過竹陰行。

訪勤上人

斷橋蒼壁倚溪斜，赤葉楓林噪晚鴉。
可怕嶺雲埋徑路，會尋流水到君家。

華亭道中

白水茫茫天四空，黃昏小雨濕春風。
五更百舌催殘夢，月到官河柳影中。

晨起

猿鶴驚呼曉，樓鐘動翠微。
楓林墮清月，疏影亂人衣。

戲書誠師秋景小屏

黃蘆敗葦兩三叢，彷彿江湖在眼中。
雁鴨驚呼緣底事？一時昂首立秋風。

此詩題「秋景」絕妙，尤以三四兩句，寫雁鴨昂首立於秋風中驚呼，堪稱一絕也。

次韻代嶺上老人答

閑持箕帚掃崔嵬，夾道松陰盡我栽。
人去人歸眞一笑，壞空成住互輪回。

此詩爲和蘇東坡獲赦後重過大庾嶺，寫嶺上老人絕句。這也是道潛較有禪味的一首絕句。成、住、壞、空即輪回過程也，一切眾生莫不如此。

東坡先生挽詞

博學無前古，雄文冠兩京。
筆頭千字落，詞力九河傾。
雅量同安石，高才類孔明。
平生勳業志，鬱鬱閟佳城。

道潛挽東坡絕律詩多達十六首，以這首五律最爲切合，且對王安石的雅量亦屬的論。其交遊之廣，於此可見。蘇東坡亦不枉交此方外人也。

吳栻

吳栻（一作拭），字顧道，甌寧（今福建建甌）人。神宗熙寧六年（一〇七三）進士。哲宗元符二年（一〇九九）爲金部員外郎。徽宗崇寧中爲開封府推官。以給事中使高麗，還，知開封府。四年（一一〇五），坐事出知單州。大觀初，歷知蘇州、陳州、河州府。政府元年（一一一一）知成都。召拜兵部侍郎，尋除龍圖閣直學士，再知成都。後知中山府。卒。有詩二十六首。以《釣台》五律較佳。詩如后：

一水自東流，蕭蕭霜木秋。
笑談輕萬乘，身世老扁舟；
薄俗迷方餌，高人悟直鉤。
至今馴不散，沙上晚來鷗。

李之儀

李之儀，字端叔，自號姑溪居士，滄州無棣（今山東無棣西北）人。神宗熙寧六年（一〇七三）進士。元豐六年（一〇八三），曾辟爲祭奠高麗國使書狀官。哲宗紹聖初蘇軾知定州，辟爲管勾機宜文字。四年（一〇九七）因折可適兵敗事連累，罷原州通判。後以元祐黨籍貶惠州。元符元年（一〇九八）召監內香藥庫。徽宗崇寧初提舉河東常平，又以代作范純仁遺表忤蔡京，編管太平州，遂居姑熟。久之，徙唐州。官終朝請大夫。有詩二十六卷。引其絕律六首。

書扇

幾年無事在江湖，醉倒黃公舊酒壚。
覺後不知新月上，滿身花影倩人扶。

訪僧不値

我來獨愛南天竺，公去誰烹北苑茶？
賴有清風猶好客，掃門楊柳影交加。

此詩三、四句兩句解嘲自慰，乃上上幽默。前首三、四兩句甚雅。

大觀四年春夏之交閒居無事觸緒成咏

身世低回不自期，個中消息更誰知？
江邊折盡青青柳，才見雲頭月畫眉。

上詩三、四兩句寫其柳暗花明情況，亦見風雅。

次韻李方叔宋鎭立秋五之一

渡口人歸月上鉤，蕭蕭楓葉荻花秋。
因君指出詩人語，便向庭前欲買舟。

偶書

風吹蘇小門前柳，雨黯羅敷陌上桑。
遙想九江春色晚，被花惱得少年狂。

此兩首七絕均以一、二兩句最美，信手拈來，不費吹灰之力。《偶書》前兩句對仗亦佳，絕句本可不必對仗，但對仗工穩者，更可見作者功力也。

還俗道士

聞道華陽客，儒衣謁紫微。
舊山連藥賣，孤鶴帶雲歸；
柳市名猶在，桃源夢已稀。
還家見鷗鳥，應愧背船飛。

這首詩是對「還俗道士」的不忘名利、道心不堅而還俗的非議。頷聯頸聯不但對仗工穩，且十分切合。姑溪居士李之儀亦佛道雙硏者也。

周謂

周諝，字希聖，福建尤溪人。神宗熙寧六年（一〇七三）進士。知新會縣。因不願推行新法，棄官歸田。著有《孟子解義》、《禮記說》。門人稱周夫子。有《寄子弟》七律一首以明志。詩如后：

浪有虛名落世間，自慚無實骨毛寒。
未年三十身先倦，纔得一官心已闌；
卜完擬尋栽藥圃，買田宜近釣魚灘。
他年子弟重相見，藜杖蓑衣箬籜冠。

漁樵心理，躍然紙上。

闕澥

闕澥，字子容，錢塘（今浙江杭州）人。景仁長子。神宗熙寧六年（一〇七三）進士，官餘杭令。有詩三首。錄其絕律各一首。

絕句

寺官官小未朝參，紅日半竿春睡酣。
爲難鄰雞莫驚起，且容歸夢到江南。

遊九鎖

山下寒流咽細泉，曉林浮日自生煙。
九峰密鎖疑無路，五洞潛通別有天；
羽客依山多得道，昔人涉海謾求仙。
我來要學棲眞事，願借孤雲一榻眠。

此一絕一律均妙在最後一句。文人雅士詩，尙未入道入禪，但遠高於祿蠹也。

周韶

周韶，杭州營妓。能詩，神宗熙寧間落籍。有《求落籍》詩一首。據宋趙令畤《侯鯖錄》載：「東坡一帖云：杭州營妓周韶，多蓄奇茗，嘗與君謨鬥，勝之。韶又知作詩。子容過杭，述古飲之。韶泣求落籍，子容曰可作一絕。韶援筆立就，時韶有服，衣白，一座嗟歎，遂落籍。」詩如后：

隴上巢空歲月驚，忍看回首自梳翎。
開籠若放雪衣女，長念觀音般若經。

有妓如此，愧煞浪得虛名進士。

胡楚

胡楚，杭州營妓。有詩二首，均佳。

送周韶落籍

淡妝輕素鶴翎紅，移入朱闌便不同。
應笑西園桃與李，強匀顏色待東風。

絕句

不見當時丁令威，年來處處是相思。
若將此恨同芳草，卻恐青青有盡時。

龍靚

龍靚，杭州營妓。有詩二首。均佳。錄一。

獻張郎中

天與群芳十樣葩，獨分顏色不堪誇。
牡丹芍藥人題徧，自分身如鼓子花。

杭州營妓三人，詩雖少，但無一不佳。度三人詩應不止此，散失者當不可以數計。

劉次莊

劉次莊，字中叟，湖南長沙人。神宗熙寧七年（一〇七四）賜同進士出身。元豐八年（一〇八六）爲殿中侍御史。哲宗元祐元年（一〇八六）爲江南西路轉運判官。二年除名勒停，寄居新淦，築戲魚堂。有詩六首。

敷淺原見桃花

桃花雨過碎紅飛，半逐溪流半染泥。
何處飛來雙燕子，一時銜在畫梁西。

此時爲寫景佳作，妙手天成。

王昭君

斂袂出明光，琵琶道路長。
初聞胡騎語，未解漢宮妝；
薄命隨塵土，元功屬廟堂。
娥眉如有用，慚愧羽林郎。

這首詩不但對王昭君表示同情，對廟堂之上的文臣武將的諷刺，亦易引起讀者共鳴。南面稱孤道寡的帝王與高官厚祿的重臣無用，卻以處在深閨的弱女子「和番」，昭君何辜耶？

黃庭堅

黃庭堅（一〇四五—一一〇五），字魯直，號山谷道人，晚號涪翁，分寧（今江西修水）人。英宗治平四年（一〇六七）進士，調葉縣尉。神宗熙寧五年（一〇七二），除北京國子監教授。元豐三年（一〇八〇），改知吉州太和縣。六年，移監德州德平鎮。哲宗立，召爲校書郎，逾年，遷著作佐郎，加集賢校理。擢起居舍人，秘書丞。哲宗紹聖二年（一〇九五），以元祐黨人貶涪州別駕，黔州安置。元符三年（一一〇〇），徽宗即位，召還，旋以文字罪除名，羈管宜州。崇寧四年，卒於貶所。黃庭堅爲「蘇門四學士」之一，江西詩派創始人。爲推崇唐代杜甫，並強調化用前人成句，有所謂「點鐵成金」之說。晚年皈依釋氏。有詩四十九卷，與蘇東坡等量齊觀。

黃庭堅既是「江西詩派」創始人，我忝爲江西後輩，但對他的詩讀的太少，不像自幼即讀同縣鄉前賢陶淵明詩，心領神會。也沒有對另一江西鄉賢歐陽修詩詞了解之多。分寧向屬江州、潯陽、九江轄治，地緣關係較歐陽修、王安石兩大鄉賢更近。因此既讀宋詩，對「江西詩派」鼻祖黃庭堅的期望也更深。可是在讀完他的全部詩作之後，不禁悵然若失，且廢然浩歎。

我十分奇怪，黃庭堅既號「山谷道人」，對道家思想應了然於胸並涵潤其間，潛移默化，但從他的詩中，我發現他既不知數，也不知命（命學衍生於易經，易經含數、理、象。邵雍精於數，理、象自在其中，命學亦兼具數理象，周敦頤捨本逐末，研究象、理而不明數，不知命，黃庭堅更等而下之。）也不了解老子的宇宙觀與「無爲」、「爲無爲」的深意。他晚年又「皈依釋氏」，但他也不了解「五蘊皆空」、與「色不異空、空不異色、色即是空、空即是色。」的妙諦。在寫詩方面，他既「推崇唐代杜甫，並強調化用前人成句，有所謂『點鐵成金』之說，成爲「江西詩派創始人」。他的前輩陶淵明、歐陽修、王安石，都未成立「江西詩派」，而他卻成爲「江西詩派」鼻祖，應非同小可。照理，他既是佛道雙修的詩人，他應該在思想境界方面超越杜甫，達到圓融、圓通、圓明的地步，而成爲一位劃時代的大詩人，甚至超過陶淵明、寒山子、拾得、豐干、呂洞賓、王維、李白、白居易、歐陽修諸前輩。但是不然，他的詩去杜甫的詩不可以道里計，杜甫的詩千錘百鍊，而無斧鑿痕，也無懈可擊。尤其是律詩。黃庭堅不但未能「點鐵成金」，反而「點金成鐵」。豈非怪事？他的同代鄉前輩歐陽修，詩詞都很圓融，而富感性，絕無假道學氣，頭巾氣，更未以「江西詩派」領袖自居。蘇子瞻、子由兄弟也未創立「四川詩派」，獨他創「江西詩派」，卻未寫出好詩。

詩有可學有不可學者。而一般詩人多知杜甫詩可學，李白詩不可學。何以故？因杜甫詩是以功力勝，也就是功夫詩。只要功夫下得深，最少可以學到杜甫詩的精鍊工穩。但李謫仙的詩是天才詩，如天馬行空，無掛無礙，也無軌跡可循，如何學呢？這是主要原因。連王維摩詰的詩也不可學，因王維學佛修行有相當成就。而更不可學的，則是陶淵明、寒山子、拾得、豐干、呂洞賓的詩，因爲他們都是得道成佛成仙的詩人，那種思想境界和修行體驗，只有自己到了那種境界才能寫得出來，否則辦不到。陶淵明雖未得道成佛成仙，但他的氣質已近仙佛，又與在世神仙高道陸修靜、在世佛高僧慧遠往還晤談，關係密切，獲益匪淺。所以他才能寫出「結廬在人境，而無車馬喧。問君何能爾？心遠地自偏。採菊東籬下，悠然見南山。山氣日夕佳，飛鳥相與還。此中有眞意，欲辨已忘言。」的《飲酒》詩來。這是一種物我兩忘、天人合一的高境界，也就是道家的「和光同塵」、佛家的「色不異空、空不異色；色即是空，空即是色。」的境界。黃庭堅學杜甫，本來是取法乎中。語云「取法乎上者，僅得乎中；取法乎中者僅得乎下。」不幸，黃庭堅的詩正印證了這一說法。我隨便舉出黃的一首七律印證。

和答郭監簿詠雪

細學梅花落晩風，忽翻柳絮下春空。
家貧無酒願鄰富，官冷有田知歲豐；
夜聽枕邊飄屋瓦，夢成江上打船篷。
覺來幽鳥語聲樂，疑在白鷗寒葦中。

這裡要提醒讀者注意的是：這首和詩的主題是「詠雪」。台灣讀者可能多不知道下雪的情景，但我是生長在大陸長江邊上的人，對雪天的體驗很深。雪的顏色「雪白」，知者太多，所以有用「梅」的顏色來比擬的，但梅有白有紅，不能一概而論。另外也有用「楊花」、「柳絮」來比擬的，但在台灣楊花柳絮並不多見，在大陸江南甚多，差可比擬。而以「棉絮」最爲接近。黃庭堅這首詩也以「梅花」、「柳絮」來比雪，說得過去，但用字造句很死，如「細學」兩字，用得刻板而不高明，如改用「彷彿」兩字，不但切合，而且整句也活潑多了。因爲雪本無心，雪不是黃山谷，要「細學」杜甫。雪是雪，不必「細學」梅花和柳絮，它是自然落下，或因風起舞。黃山谷用「細學」兩字是學杜學得「走火入魔」。「家貧無酒願鄰富，官冷有田知歲豐」，這一聯不但與「雪」風馬牛不相及，就以他自己的「家貧」來說，「鄰富」與他也沒有「切身」關係；「官冷有田知歲豐」是他家的事，與讀者也沒有關係，而且這一句正好自打「家貧」的嘴色！「有田」又「歲豐」，怎能言貧？何況還有官職在身？有俸祿可拿，比一般窮人不知高出多少倍？這兩句犯了自鳴淸高，附庸風雅，擴大了與讀者距離的大毛病。這就是「隔」。杜甫的詩沒有這種毛病。「夜聽枕邊飄屋瓦，夢成江上打船篷」，這一聯也犯了大病，而且證明黃山谷缺少生活體驗。雪初下時可能因爲自然條件不足，往往是「雪子」狀態，落地即溶，即使落在瓦上也是如此，可能有些許聲音，但不久即會以片狀，絮狀飄然而下，即使大如「鵝毛」也會落地落瓦無聲。眞正的三九天、大雪天，一開始下即如此，很少有「雪子」前奏。五十年前在大陸生活，（那時氣候較冷）往往一夜醒來，開門時才知大雪已封門腳，「明瓦」積雪，門外雪光刺眼，那會有「夜聽」下雪的情景?下雪是不能用「聽」的，聽覺用不上，「視覺」才能感知。至於「江上打船篷」，更是無稽。「暴雨」打「船篷」才是實情。如李後主《渡中江望石城泣下》七律，即有「雨打孤舟淚萬行」句，這個「打」字才用得好，使整首詩更加淒美而感人。但黃庭堅的「夢成江上打船篷」，這個「打」字不但用得欠缺常識，詩句也十分生硬，更造成了反效果。如果和李後主的「雨打孤舟淚萬行」相比，益見黃句之牽強傖俗。黃詩的最後兩句「覺來幽鳥語聲樂，疑在白鷗寒葦中。」也是病在缺少生活體驗，學老杜而不化，才點金成鐵。且舉柳宗元的五絕《江雪》對比：

千山鳥飛絕，萬徑人蹤滅。
孤舟簑笠翁，獨釣寒江雪。

大雪天是「鳥不飛」、「人蹤滅」的。因爲天太冷，鳥都是躲在窠裡，將頭縮在翅膀裡取暖，怎麼會有「幽鳥語聲樂」呢?他的「幽」字就已自打嘴巴，既然「幽」，就是不出來，只有大雨初晴，或是久雪初晴時，鳥兒才會出巢覓食，快樂地拍拍翅膀或是叫幾聲的。所以柳宗元的《江雪》才是最切合實際又是最好的寫法。黃庭堅這兩句詩實在是胡謅。而且他將詩寫死了!不但使讀者無動於衷，甚至引起反感。

黃庭堅的諸如此類的詩，實在不勝枚舉，我也不忍再舉。爲了尊重這位鄉前輩，不憚千挑萬選，選出他兩首算是意境最高的七絕，以供讀者欣賞。

牧童

騎牛遠遠過前村，吹笛風斜隔壠聞。
多少長安名利客，機關用盡不如君。

壓沙寺梨花

壓沙寺後千株雪，長樂坊前十里香。
寄語春風莫吹盡，夜深留與雪爭光。

但是這首七絕仍然犯了季節上的錯誤。他是江南贛北人，應知梨花是仲春開的，雪是嚴冬下的，又是風馬牛不相及。春風即使聽他的話，又怎能辦到呢?正如笑話兒說的「張飛打岳飛」，八竿子打不到，兩人又如何能一起比武呢?即使我再尊重這位鄉前輩，引用之後，再讀時才又發現無法替他打圓場了!實在抱歉!絕非故意。

我一向認爲文學是慧業，不是文字遊戲，也不是謀取名利的工具，更不宜模仿他人。文學是人格、氣質的反射，所以中國有一句話說「文如其人」。是怎樣的人就會寫出怎樣的作品，狗嘴裡絕對吐不出象牙。我五十歲時開始學道學佛以後，更將文學視爲「慧業」，視爲方便法門。因此在戊寅年(一九九八)立春日寫了一首《戊寅立春》七律，說明我在一甲子前的戊寅年，離家投筆從戎抗日的經過。我是這六十年的歷史證人，我個人際遇和未來走向亦在詩中。詩如後：

戊寅立春

冬去春來歲月更，但添華髮未添丁。

前門拒虎曾披甲，後院鬩牆不用兵；
百尺浪高浮大海，千山雲湧上天坪。
無為無相無恩怨，揮手雲天步步輕。

我是江西人，但我不是「江西詩派」，雖然我幼年即在廬山見過清末民國以來「江西詩派」的大詩人陳散原老人，但我對他的詩亦無印象。我最欽敬喜愛的江西詩人是九江小同鄉大詩人陶淵明先賢，和大同鄉廬陵（今吉安）大詩人詞人歐陽修。抗戰勝利時我才二十多歲，即想在故鄉歸隱田園，過陶淵明那種淡泊生活，但時勢所逼，渡海來台匆匆五十周年矣。而我在台灣亦從來不搞什麼新詩派系，更與舊詩人詩社毫無瓜葛。我一直想交陸修靜、慧遠那樣的高道高僧，時與往還請益，也無陶淵明那種因緣、福報。我只好盡其在我，將詩文學當作一種慧業，行行方便而已。寫《全宋詩尋幽探微》如此。寫《詩詞詩話》亦復如此，寫長篇小說《紅塵》、《娑婆世界》時更是如此。而且根本不考慮稿費和出版問題。我深信因果，種什麼因，就會結什麼果。先盡自己的責任就行，我一生不作不勞而獲的事，縱然別人撿我的便宜我也不在乎。

蔡京

蔡京（一〇四七—一一二六），字元長，興化仙遊（今屬福建）人，神宗熙寧三年（一

○七○）進士，歷任中書舍人、知瀛州、揚州、鄆州、永興軍、成都府、權戶部尚書、翰林學士兼侍讀、修國史、太尉、太師等。欽宗即位，連貶崇信、慶遠軍節度副使、衡州安置，又徙韶、儋二州。行至潭州卒，年八十。有詩十七首。

蔡京爲宋室重臣。有寵姬三人。據宋王明清《揮塵後錄》載：蔡元長既南遷，中路有旨取所寵姬三人，以金人指名來索也。元長作《別寵姬》七絕如后：

爲愛桃花三樹紅，年年歲歲惹東風。
如今去逐他人手，誰復尊前念老翁？

此時宋室江山尚且難保，何況蔡京寵姬？但此詩亦寫出人情冷暖，八十老翁情何以堪？迷戀朱紫者，可爲殷鑒。但今之蔡京，則寫不出這種詩來，不入流的連「公車詩」也寫不出來。

朱服

朱服（一○四八—？）字中行，浙江湖州人。彧父。神宗熙寧六年（一○七三）進士。歷任淮南節度推官，充國子監修撰，經義所檢討、監察御史裡行、知諫院、權國子司業、起居舍人、知潤、福、泉、婺、寧、廬、壽諸州，中書舍人等。徽宗時坐與蘇軾遊，貶海州團練副使，蘄州安置，卒。有詩十三首，以七絕《梅花》最佳。詩如后：

幽香淡淡影疏疏，雪虐風來亦自如。

正是花中巢許輩，人間富貴不關渠。

梅花精神於此可見。

王氏

王氏，王安國女，劉天保妻。安石、安國均非等閒之輩，安石女詩僅兩首，極佳。安國女詩僅兩句，亦錦心慧口。此兩句詩道盡名門閨秀，與世隔絕，深閨的苦悶心理。勝過進士千首也。句如后：

不緣燕子穿簾幕，春去春來怎得知？

秦觀

秦觀（一〇四九—一一〇〇），字少游，一字太虛，號淮南居士。江蘇高郵人。神宗元豐八年（一〇八五）進士，授蔡州教授。哲宗元祐二年（一〇八七），以荐應賢良方正能直言極諫科試，未第。五年，召爲秘書省校對黃本書籍。六年，遷正字兼國院編修官。哲宗紹聖元年（一〇九四），坐黨籍，出爲杭州通判，道貶處州監鹽酒稅。三年，削秩徙柳州，四年，編管橫州。元符元年（一〇九八），除名，移雷州。三年，放還，至藤州卒，年五十二。有詩十六卷。

秦觀官卑職小，禍事連連。詩亦不算多，但其才情卻與杜牧伯仲，且佛道思想甚濃，好詩較多，而以絕句最佳。

春日偶題呈上尚書丈丈

三年京國鬢如絲，又見新花發故枝。
日典春衣非爲酒，家貧食粥已多時。

觀辱戶部錢尙書和詩餉祿米

再成二章上謝

本欲先生一解頤，頓煩分米慰長飢。
客無貴賤皆蔬飯，惟有慈親食肉糜。

二

夢裡光陰挽不回，掩關獨坐萬緣灰。
偶因問訊維摩病，香積天中施飯來。

從以上三首七絕看來，可知秦觀生活之窮困，非黃庭堅之裝窮可比，詩亦較黃庭堅更見眞性情，優劣立分。

處州水南庵二之一

竹栢蕭森溪水南，道人爲作小圓庵。
市區收罷魚豚稅，來與彌陀共一龕。

這首詩見於《蘇軾詩集》，一作蘇軾詩。但秦官貶處州監酒稅，當小稅官是實。第三句又明言「市區收罷魚豚稅」，與他的職務完全符合，足證是秦觀的作品。「來與彌陀共一龕」，似非附庸風雅，和他的窮困與信佛有關，與他灑脫的個性亦有關。在黃庭堅的詩中就找不到這種率眞的作品。

三月晦日偶題

節物相催各自新，痴心兒女挽留春。
芳菲歇去何須恨，夏木陰陰正可人。

這首詩表現秦觀的曠達、隨緣、不執著的修養。亦道亦禪也。

四絕

陰風一夜攪青冥，風定霏霏霰雪零。
遙想玉清眞境上，白虛光裡誦黃庭。

夜深樓上撥書眠，天在欄中四角邊。
風拂亂雲毫髮盡，獨留壁月向人圓。

天風吹月入欄干，烏鵲無聲子夜闌。
織女明星來枕上，了知身不在人間。

本是匡山種杏人，出山來事碧虛君。
上清欲問因何事，請看仙山十丈文。

以上四絕，道家思想甚濃。

題郴陽道中一古寺壁二之一

門掩荒寒僧未歸，蕭蕭庭菊兩三枝。
行人到此無腸斷，問爾黃花知不知？

這首詩應是他一貶再貶，「削秩徙郴州」時的作品。後兩句有「欲哭無淚」之痛。

次韻參寥三之一

武陵漁子入花源，但見秦人不得仙。
會有黃鸝鳴翠柳，何妨白眼望青天。

此詩最後一句別有深意。

遣朝華

夜霧茫茫曉柝悲，玉人揮手斷腸時。
不須重向燈前泣，百歲終當一別離。

再遣朝華

玉人前去卻重來，此度分攜更不回。
腸斷龜山離別處，夕陽孤塔自崔嵬。

這兩首七絕應是秦觀坐黨籍，貶杭州通判前寫的，這時他的噩運尚未開始，即有「修眞斷世緣」之念，故兩次遣走侍兒朝華。秦觀有慧根，可能預知日後不幸。據宋張邦基《墨莊漫錄》載：少游侍兒朝華，姓邊氏，京師人。元祐癸酉歲，少游納之，時朝華年十九也。後三年，少游欲修眞斷世緣，遂遣歸父母家，資以金帛而嫁之。朝華臨別，泣不已，少游作詩云云。既去二十餘日，乞歸。明年，少游出倅錢塘，因謂朝華曰：汝不去，吾不得修眞矣。復作詩云云。時紹聖元年，少游嘗手書記此事。

依據史實，少游修眞未能如願，以後禍事連連，卒年方五十二歲。少游雖未如李白有「謫仙」之名，其亦謫仙乎？

李唐

李唐，字晞古，河南孟縣人。善畫山水人物，尤工畫牛，徽宗朝已知名。高宗建炎間授畫院待詔，時年近八十。有詩一首，暗示畫山水之不易。三、四兩句感慨頗深。詩如后：

雲裡煙村雨裡灘，看之不易作之難。

早知不入時人眼，多買胭脂畫牡丹。

施常

施常，福建尤溪人。神宗元豐二年進士。有《高蓋名山院》七絕二首。均佳。詩如后：

白雲來去自閑閑，鎖勒千山與萬山。
仙客已歸霄漢去，虛堂流水漫潺潺。

步盡千山與萬山，白雲步步叩禪關。
曉猿夜鶴應相笑，笑問勞生幾度閑？

此兩詩妙在疊字「閑閑」、「潺潺」、疊句「千山與萬山」，相互運用，產生音韻美與節奏感，且詩意清新，不落俗套。

紆川

紆川，疑非本名。《據回文類聚》編次約爲神宗時人。有五絕一首。其形容詞動詞與名詞的組合極爲巧妙。如「小徑」、「溪緣」而以動詞「緣」字聯接，不論形容詞在上在下，都用得十分準確，而產生了豐富的詩意。第二句「低簷傍樹陰」亦復如此。但第三句卻用了一個名詞「秋」字作形容詞作爲聯接，動詞「入」字卻放在名詞「眼」字上面，而形容詞「好」字如一二兩句一樣，仍然放在最上面，這種組合十分巧妙。第四句與第三句是同樣手法，亦同樣巧妙。整首詩二十個字，字字發揮了妙用，眞是「絕句」！此詩與柳宗元的五絕《江雪》可謂「異曲同工」。詩如后：

小徑緣溪綠，低簷傍樹陰。
好峰秋入眼，清月夜窺林。

這首以二十個字產生如此豐富的意象美的五言絕句小詩，是中國新詩與西洋詩絕難辦到的。中國五言古典詩之獨步全世界，於此可見。

梅窗

梅窗，疑非本名，在《回文類聚》中與紆川相次。有詩八首。

西湖戲書二之二

雲巢望斷望西湖，竹護梅藏隱士居。
芳草綠深春盎盎，客來同攬一山孤。

春望

絲絲柳翠連雲幕，點點鷗輕漾晚波。
時事無心隨興遠，日長閒處理衣蓑。

梅窗的詩與紵川的詩是同一類型，同一格調。有清新飄逸高雅的隱士氣，而無宋朝進士的僞道學氣與頭巾氣。用字造句均極巧妙，自然產生一種難得的意象美。如「竹隱梅藏隱士居」，以七個字將隱士高人的住所和盤托出，隱而不晦，雅而不露。這才是好詩。

陳子高

陳子高，字朝老。在《回文類聚》中與梅窗相次。有詩五首。

客懷

遠山雲夢斷，長路客愁新。
殘漏悲鐘急，香車碾暗塵。

宿龜山次韻

潮回浪淺細沙傾，岸柳平波映眼明。
橋接短亭連野迥，艇橫長笛帶風清；
迢迢翠草寒煙暝，隱隱疏林暮靄晴。
遙見疊峰清淺黛，客心傷處碧雲輕。

茹芝翁

茹芝翁，疑非本名。在《回文類聚》中與梅窗相次。有詩二首。

詠梅

東溪小步晚煙隨，玉點花疏竹外枝。
風襲袖香清滿徑，匆匆好處恨來遲。

秋月收兵獻鍾侍郎

強兵義勇威嚴令，化靖由來不戰征。
疆境復時歸馬健，鼓鼙休處亂雲輕；
霜凝積恨懷邊戍，月落衡寒夜上城。
黃葉樹頭風凜凜，碧波江遠路平平。

以上紆川、梅窗、陳子高、茹芝翁等人作品，均在《回文類聚》中，不僅風格、手法、意趣、境界類似，而又富有「隱士氣」，與佛家道家詩又有少許差異，與宋朝一般進士的僞道學氣，頭巾氣則迥然不同。極可能均出自同一位隱士高人之手，而以不同筆名署之。此亦逃名之一法也。

林敏功

林敏功，字子仁，湖北蘄春人。年十六，預鄉荐，下第歸，杜門不出二十年。哲宗元符末，詔徵不起，與易敏修以文字終老，世號「二林」。徽宗政和中，賜號高隱處士。有詩八首。以「絕句」最佳。錄詩一首如后：

君心恨不走天涯，不比衰翁只戀家。
最是橫塘黃葉路，今年無伴折梅花。

孫勴

孫勴，字志舉，江西寧都人。主節次子。偕兄勰從東坡遊。朝廷舉隱逸不應，卜居延春谷。年七十卒。有詩三首。以《題靖節祠》之二最佳。詩如后：

五字高吟酒一瓢，廬山千載想風標。
吾今門外青青柳，似向西風懶折腰。

這首詩表現陶潛不爲五斗米折腰的高風亮節，最有韻味。

孫諤

孫諤（一〇五一－一一〇九），字正臣，徽宗崇寧中奉旨改名，遂以字行。福建邵武人。神宗熙寧六年（一〇七三）進士。授池州司法參軍。七年，除監制敕庫，吏房習學公事，出爲睦州司理參軍。元豐五年，召爲重修編敕所刪定官。哲宗元祐六年（一〇九一），調通判建昌軍。紹聖元年（一〇九四），遷祕書省正字。二年，權發遣梓州路轉運判官。四年，移成都府路。召爲吏部員外郎。徽宗建中靖國元年，除祕書少監，國子祭酒。宗寧元年，兼權秘書監，進直龍圖閣，權發遣江淮荊浙等路制置發運副使，知潤州，未幾，得管勾杭州洞霄宮。大觀三年卒。年五十九。有詩三首。選其二首。

資聖院

四山藏一寺，方丈壓諸峰。
回首坐禪處，白雲深幾重。

此詩禪味甚濃，且雅。

題江濱驛

渡江始至長江縣，返照雨餘村落明。
此地曾經詩客到，九秋風月至今清。

作者以詩客抬高江濱地位，襯托至佳。

米芾

米芾（一〇五一—一一〇七），字元章，號襄陽漫士、海觀外史等，因曾官禮部員外郎，世稱米南宮。宋代著名書畫家，書法與蘇軾、黃庭堅、蔡襄，並稱四大家。以恩補浛光尉。歷知雍丘、漣水縣，江淮荆浙等路制置發運司勾當公事。知無爲軍。徽宗崇寧間，召爲書畫學博士，擢禮部員外郎。大觀元年，出知淮陽軍，卒，年五十七。有詩四卷。

謝吳安中留宿

肉眼神通四十年，侯門拖袖氣如煙。
符離經過無行李，西入皇都索相錢。

這是寫一位具有神通的神相士的詩，可以想見異人風采。

寄題開福院白蓮堂

二林消息已千年，戲向池中種白蓮。
昨夜秋香逐霜雪，又看蓮子藕如船。
舊多社客談因果，新向禪林問祖風。

歸去萬緣無不了，這回洗鉢聽齋鐘。

在二首七絕禪意盎然，可見米芾亦游於佛道之間者也。

華鎮

華鎮（一〇五一—？）字安仁，號雲溪居士，浙江紹興人。神宗元豐二年（一〇七九）進士。調高郵尉。哲宗元祐元年（一〇八六），監溫州永嘉鹽場。七年，爲道州司法參軍。元符二年（一〇九九），知海門。徽宗崇寧五年（一一〇六），知新安，政和初知漳州。官終朝奉大夫。有詩十三卷。好詩不多。

項王廟

劉氏功名未足多，謾將帶礪指山河。
楚宮一夜雖虛壘，漢殿百年還藝禾；
今日祠堂皆寂寞，當時江水自逶迤。
有靈若憶生前事，應悔初爲蓋世歌。

作者既號雲溪居士，自是佛門信徒。此詩有「色即是空」，人世無常之意。楚宮雖然一夜成廢墟，漢殿百年之後還不是種植稻禾？五十歲與百歲耳。他對劉項兩人均無敬羡之心，較之一般歌功頌德，口口聲聲皇恩浩蕩的進士，又勝一籌。

失題

暑往寒來春復秋，東西南北一萍浮。
吳鉤越劍雖常淬，梁苑秦關祗浪游；
場屋同盟多列鼎，鄉閭小子亦封侯。
十年窗下勞螢雪，今日明時漫白頭。

這首詩仍是四大皆空觀。專制政治體系下的舉子們，十載寒窗，在家天下的政治舞台上進進出出，直到白頭老死而不悟者比比皆是。如作者感覺到「東西南北一萍浮」者亦不多。

仵磐

仵磐，字艮翁，終南（今陝西周至縣東）人。父信本軍職，終文恩副使，以蔭三班借職。神宗元豐中，監青州臨淄酒稅。有詩一首如后：

太乙峰前是我家，滿床書籍舊生涯。
春城戀酒不歸去，老卻碧桃無限花。

這是一首道家思想的詩，自有雅趣。

黃拱

黃拱，蘇州人。神宗元豐四年（一〇八一），為釋契適《石像大士贊》撰序。有詩二首。大士像贊詩七絕與大士法身符合。《還鄉偶書》七絕甚佳。詩如后：

離別家鄉歲月多，歸來人事半消磨。
惟有門前鑑湖水，春風不減舊時波。

釋仁欽

釋仁欽，福建福州人。徽宗建中靖國元年（一一〇一）住持靈巖，賜號靖照大師，太觀初賜紫。有詩十二首。《鐵袈裟》一首，是方外人語，典在其中。詩如后：

我佛慈悲鐵作衣，誰知方便示禪機？
昔年庾嶺家風在，直到如今識者稀。

許彥國

許彥國，字表民，亦作表臣。山東青州人，亦作安徽合肥人。舉進士，官不顯。有詩十二首。《詠項籍廟》之二七絕，與華鎮《項王廟》七律，意義大同，而韻味相異。其三、四兩句「空餘原上虞姬草，舞盡春風未肯休」。詩意更濃。全首如后：

千古興亡莫浪愁，漢家功業亦荒丘。
空餘原上虞姬草，舞盡春風未肯休。

李復

李復（一〇五二—？）字履中，號潏水先生，原籍開封祥符，因其先人累官關右，遂爲長安人。神宗元豐二年（一〇七九）進士。五年，攝夏陽令。哲宗元祐、紹聖間歷知路、亳、夔等州。元符二年（一〇九九），以朝散郎管勾熙河路經略安撫司機宜文字。徽宗崇寧初，遷直秘閣，熙河轉運使。三年（一一〇四），知鄭、陳二州。四年，改知冀州；秋，除河東轉運副使。靖康之難卒。有詩八卷。

蔡元度話其子能言前世事江晦叔有詩次韻

應感隨緣各有因，一源眞寂自無塵。
須知此物非他物，能悟前身是後身；
叔子探環喬木在，房公發石舊書新。

區中誰是王文度?證印曾逢竺上人。
往來積習幾生身,石上精魂世共聞。
北澗水通南澗水,南山雲繞北山雲;
光含衆色珠常靜,影入千溪月不分。
試向道人談實相,神奇腐朽但紛紛。

李復詩以此兩首七律言之有物,而有禪意。凡人能知前生者不多,蔡元度子即其一例。衆生難免六道輪迴,而人身難得,蔡氏子當屬善類也。但一經輪迴,即忘前世,佛性蒙塵也。而有慧根又修行有成者,均有六通,無所不知,豈僅前生?

陽明山文化大學哲學系教授石朝穎博士,即爲一能知過去世者。在我們未相識之前,有人向他提起賤名,他即言知道在下。以後我約他餐敘,問他是怎麼知道我的?他說在唐朝時,他攜子避禍出家,托缽化緣,我常供養,並呵護其子。有這番因緣,所以他早認識我。並謂唐時我是女身,而其子今世則爲女身,且與我同修。我亦學佛,自不以爲異。以後他還到過舍下,替我釋疑。此其一。

另一位是三十多年前就已結緣的馮馮,當時我只知道他是一位自學成功的青少年。一九六〇年時,文協開會決定推周君亮、高陽、公孫嬿和我四人各寫一個短篇小說由文協請馮馮譯成英文寄維也納參加納富(Neff)出版公司編選的世界最佳小說選集,我如期交稿。一天在蔣碧薇家小聚，我和馮馮第一次見面。別人打麻將，我們兩人聊天，他悄悄告訴我，說四篇小說當中大概只有我的可能入選。他太年輕，我怕他看走了眼，將信將疑。他說他是我在香港亞洲出版社出的長篇小說《黑森林》的忠實讀者，不會看錯。不久他的話果然應驗了，四篇小說只有我一篇入選。這時我完全不知道他具有五世修行的宿慧，早有天眼通。第二年他自己也寫了一個短篇《水牛》寄去，也譯了我另一個短篇，杜撰了另一個簡介，用江州司馬筆名寄去，兩篇同時入選。因爲他年輕，更是聲名大噪。隨後他又寫了一個上百萬字的長篇《微曦》，由皇冠出版，又轟動文壇，也因而招了大忌，而被迫遠走異邦。我們也有約二十年失去聯絡，十年前我輾轉得知他在台北一家佛教出版社出版了《天眼、慧眼的追尋》、《夜半鐘聲》等書，才知道他有天眼通，才和他聯絡上。那時我正在寫大長篇小說《紅塵》，而台灣正盛行輕、薄、短、小又商品化的作品，早已注定了不可能發表、出版的命運。他卻在信中說一定會發表出版。他的預言比我想像的好得太多，後來果然應驗。其他預言也逐一應驗。他不但知道過去，而且知道未來。他十多歲時即在台灣文壇嶄露頭角，又通多國語文，令人側目。因此待不下去。去溫哥華三十多年，他又在作曲方面有了很大的成就。一九九七年十月，並以「牧神之夜」、「雪蓮仙子」、「水仙少年」三齣芭蕾舞曲在俄國莫斯科音樂歌劇與芭蕾舞劇場演出而震驚西方音樂界。這都是他過去五世修行的宿慧和今世再修行的成果。這種無師自通的能力，是凡夫所未有的。此外如唐朝六祖惠能更是不識之無的樵夫，卻能脫口唸出「菩提本無樹，明鏡亦非台。本來無一物，何處惹塵埃。」這種最高境界的禪詩來。這都是宿慧。

蔡家子能言前世事，見之於李復的上面那兩首七律，何足爲怪？科學家不知道的事還很多很多。學佛即是修般若智慧，這種妙智慧是超越物質世界思維的。用之於文學藝術創作便不同凡響，唐詩也好，宋詩也好，方外人的作品高於一般進士者在此。今人亦復如此，可惜具有慧眼者太少，因此魚目可以混珠。眞正有高思想境界的作品，可能也要千百年之後才能遇上知音。

游酢

游酢（一〇五三—一一二三），字定夫，福建建陽人，學者稱薦山先生，亦稱廣平先生。初從程顥學。神宗元豐五年（一〇八二）進士。調越州蕭山尉。哲宗元祐元年（一〇八六）召爲太學錄，除博士。二年知淸河縣。應范純仁辟，爲穎昌府教授。歷齊州、泉州簽判。元符三年，召爲監察御史。徽宗崇寧元年，出知和州。四年，管勾南京慶和宮，居太平州。政和元年，知漢陽軍，七年，知舒州。宣和元年，知濠州。罷歸，寓歷陽。五年，卒，年七十一。有詩十九首。三首較佳。

題河淸縣廨

小院閑亭長薜蘿，鹿來穿徑晚經過。

夕陽蕭散簿書少，窗裡南山明月多。

水亭

清溪一曲繞朱樓，荷密風稠咽斷流。
夾岸垂楊煙細細，小橋流水即滄洲。

金陵野外廢寺

寒花窈嫋蔓頹牆，古寺蒼苔畫掩房。
犬吠屋頭山杳杳，蟲鳴階隙草荒荒；
池塘澹月蒹葭冷，籬落西風橘柚香。
六代江山金碧地，斷碑留得管興亡。

以上三首絕律，均爲寫景抒情之作，言之有物，寄情風雅。疊字形容巧妙，如「煙細細」，「山杳杳」，「草荒荒」，均爲妙筆。

釋維琳

釋維琳（？—一一一九），號無畏禪師，俗姓沈，武康（今浙江德清西）人。住湖州銅山院。神宗熙寧中，蘇軾通判杭州時請住徑山。徽宗建中靖國初住隆教院。宣和元年，崇右道教，詔僧爲德士，不受，聚徒說偈而逝。有詩三首，錄其七絕二首。

白雲堂

堂與碧山對，白雲長作鄰。
日暮白雲合，誰見白雲心？

此詩句句切題，且三見「白雲」，第四句更見禪機。

有司欲取寺松供朝用感賦

大夫去作棟樑材，無復清陰窺綠苔。
今夜月明風露冷，誤他千里鶴飛來。

此詩前兩句諷刺而含蓄，後兩句感慨遙深，而詩味雋永。整首詩之深沉、完美，無以復加。全唐詩中亦未曾見。

楊時

楊時（一〇五三—一一三五），字中立，學者稱龜山先生，南劍州將樂（今屬福建）人。神宗熙寧九年（一〇七六）進士，調官不赴。先後從程頤、程顥學。有「程門立雪」佳話。年四十後始出，歷知瀏陽、餘杭、蕭山縣。張舜民荐爲荆州教授。徽宗宣和中，召爲祕書郎，未幾，除邇英殿說書。欽宗靖康元年，除右諫議大夫兼侍講，又兼國子祭酒，力排和議。乞致仕，提舉崇福宮。高宗即位，除工部侍郎兼侍讀，以龍圖閣直學士提舉洞霄宮，致仕。紹興五年卒，年八十三，有詩五卷。

楊時被東南學者推爲程氏正宗，而其詩不論才情、意境，均高於周敦頤與程頤、程顥兄弟。他的詩言之有物，淡泊、純眞、自然，無假道學氣，頭巾氣，境界自高。好詩甚多，爲宋詩人中不可多得者。

溪坂舟行

曲岸通幽徑，疏籬映竹斜。
塢深藏吠犬，林薄露人家；
石瀨魚偏美，鄰村酒易賒。
祗應雲水富，自是一生涯。

荊州書事

江湖泛泛一虛舟，去作人間浪漫遊。
歲晚光陰雲冉冉，畏途風雨日浮浮；
萬鍾信是樊中雉，一桿聊同水上鷗。
投老簿書成底事，憑誰爲種橘千頭？

次韻晁以道庚寅年出京

誰能載酒尋元亮，共寄無何作醉鄉。
便好收人事農圃，不須驚世露文章；

壺中日月春常在，塞上煙塵客自忙。
千里同風無遠近，未分秦隴與瀟湘。

過七星瀨

扁舟東下幾時還，一席飛帆插羽翰。
回首嚴陵台上月，清風千古逼人寒。

含雲寺書事

竹間幽徑草成圍，藜杖穿雲翠滿衣。
石上坐忘驚覺晚，山前明月伴人歸。
蝶夢輕揚一室空，夢回誰識此身同。
窗前月冷松陰碎，一枕溪聲半夜風。

縣齋書事

身名於我兩悠悠，形影相忘懶贈酬。
擬把一竿滄海去，飄然清世一虛舟。

東林道上閒步三首

寂寞蓮塘七白秋，溪雲庭月兩悠悠。
我來欲問林間道，萬疊松聲自唱酬。

二

碧眼龐眉老比丘，雲根高臥語難酬。
蕭然丈室無人問，一柱爐峰頂上浮。

三

百年陳跡水溶溶，尚憶高人寄此中。
晉代衣冠誰復在？虎溪長有白蓮風。

春日

一番微雨一番晴，淡淡春容照眼明。
庭外幽花自開落，飛揚無處覓殘英。

春曉

雲靄浮空半雨晴，茅簷未忍掃殘英。
欲尋春物飄零盡，只有黃鸝一兩聲。

宋朝進士詩，無病呻吟、味同嚼蠟者，比比皆是。楊時的詩不然，無論寫景抒情，句句落實，字字妥當，詩意盎然，又有餘味，這是一般進士辦不到的。

釋繼昌

釋繼昌，俗姓黎，彭州九隴（今四川彭縣西北）人。住漢州三聖寺，遷雲居寺。爲南嶽十三世，黃龍心禪師法嗣。有偈四首，第一首平易，不故弄玄虛、可取。詩如后：

五陵公子爭誇富，百衲高僧不厭貧。
近來世俗多顛倒，只重衣衫不重人。

化禪師

化禪師，住隆興府雙嶺寺。爲南嶽十三世黃龍心禪師法嗣。有偈一首如后：

翠竹黃花非外境，白雲明月露全眞。
頭頭盡見吾家物，信手拈來不是塵。

此六祖「佛法在世間，不離世間覺」意也。是眞偈而非打啞謎。與他僧多以偈故弄玄虛者，大異其趣。

某女

某女，爲賀鑄（方回）所眷。有《寄賀方回》七絕一首，勝過賀方回詩十一卷上千首。賀因女所寄詩成《柳色黃》詞一闋，亦相形見絀。不錄。宋時理教高張，女性更無地位。讀賀方回與此無姓氏女子詩，更爲此女扼腕。《寄賀方回》詩如后：

獨倚危欄淚滿襟，小園春色懶追尋。
深恩縱似丁香結，難展芭蕉一寸心。

此時末句更令人同情。

余亢

余亢，一作余元。浙江湖州人。神宗元豐五年進士。有《題白雲軒》詩一首，亦勝過一般進士詩千首。詩如后：

不作從龍意，無心謾出山。
可憐一片雪，長伴主人閑。

張耒

張耒（一〇五四—一一一四），字文潛，人稱宛丘先生，祖籍亳州譙縣（今安徽亳州）人，生於淮陰。詩文服膺蘇軾，與黃庭堅、晁補之、秦觀並稱蘇門四學士。神宗熙寧六年進士，授臨淮主簿。元豐元年爲壽安尉。七年，遷咸平丞。哲宗元祐元年，以太學錄召館職，歷祕書丞、著作郎、史館檢尉、起居舍人。又以直龍圖閣學士出知潤州，未幾，改宣州。哲宗紹聖三年，管勾明道宮。坐黨籍落職，謫監黃州酒稅。元符二年，改監復州酒稅。徽宗即位，起通判黃州，遷知兗州，召爲太常少卿，出知穎州、汝州。崇寧元年，因黨論復起，貶房州別駕，黃州安置。五年，歸淮陰。大觀二年，居陳州，政和四年卒，年六十一。有詩三十三卷。

張耒雖爲蘇門四學士之一，其詩多無病呻吟，不如蘇軾、秦觀遠甚。與黃庭堅、晁補之差堪伯仲。文學重創作，忌摹倣，詩不可學，詞不可學、散文不可學、小說更不可學。蓋才情有高低，思想境界更有天壤之別也。錄其較佳絕律各一首。

老舅寓陳諸況不能盡布以二詩代書得閒爲和佳也二之二

浮生已老付悠悠，未免飢寒目下憂。
全仗黃庭能卻老，那堪白髮更悲秋？
所欣耳界常清淨，漸放心君得自由。
塊疊苦消消未盡，每逢風月亦閒愁。

北風

北風卷地寒侵骨，凍雪連山鳥不飛。
試問朱門餘酒肉，幾人迴首念無衣。

潘大臨

潘大臨，字居孚，一字邠老，湖北黃州人。家貧未仕。蘇軾、張耒謫黃州時，多有交往。入江西詩派。徽宗大觀間客死蘄春。年未五十。有詩一卷，以《題陳德秀畫四季枕屏圖》七絕五首之一較佳。詩如后：

亂山深處碧波流，隔岸垂楊繫小舟。
無數桃花伴春夢，夢中還作武陵遊。

釋梵卿

釋梵卿（？—一一一六），俗姓錢，嘉興華亭（今上海松江縣）人。居紹興府象田寺，爲南嶽下十三世，東林總禪師法嗣，徽宗政和六年卒。有偈二首，其《臨終偈》仙氣多於禪味。偈如后：

五陰山頭樂駿馬，一鞭策起疾如飛。
臨行莫問棲眞處，南北東西隨處歸。

尼法海

尼法海，寶文呂嘉之姑，住平江府（今江蘇蘇州）西竺寺。爲青原下十三世。本覺守一禪師法嗣。有《臨寂偈》一首。佛門弟子以西方極樂淨土爲「故鄉」，尼自知圓寂時間，亦修行有成也。偈如后：

霜天雲霧結，山月冷清輝。
夜接故鄉信，曉行人不知。

齊禪師

齊禪師，俗姓陳，福州長樂人。年二十八從雲蓋禪師出家，後住吉州青原寺。爲青原下十三世，石門元易禪師法嗣。有七絕二首。均爲得道之作。

呈雲蓋禪師

說法無如這個親，十方剎海一微塵。
若能於此明眞理，大地何曾見一人。

此詩已大開悟，三千世界亦一微塵。第四句更屬天機。不明「眞理」者不可說，已明

「眞理」者不必說。

臨寂偈

昨夜三更過急灘，灘頭雲霧黑漫漫。
一條柱杖爲知己，擊碎千關與萬關。

三界之內，假象甚多，陷阱重重，甚難突破。齊禪師的「一條柱杖」，大有文章，也是他上西方極樂淨土法寶。一般修行人圓寂時如無明師導引護持，仍多以假當眞，在三界內流轉也。

釋惟清

釋惟清（？—一一一七），字覺天，號靈源叟，俗姓陳，武寧（今屬江西）人。住隆興府黃龍寺。爲南嶽下十三世，黃龍寶覺心禪師法嗣。徽宗政和七年卒，賜號佛壽。有詩十二首。

辭無盡居士

無地無錐徹骨貧，利生深愧乏餘珍。
廛中大施門難啓，乞與青山養病身。

出家人亦各有使命與因緣。有公開弘法度衆生者，有深山清修自度者，各視因緣而定。

而靈源禪師或屬後者。而一般權貴往往君臨方外。無盡居士張公漕江西，靈源禪師寓興化，張公檄分寧邑官同諸山勸請出世於豫章觀音，其命甚嚴。靈源不得已，親出投偈辭免如右。

偈二之一

何知龍肉即豬肉？細雨粗言盡入神。
惜彼當年老居士，大機曾未脫根塵。

無論在家出家修行，必須嚴守五戒。五戒之首即爲不殺生，不吃眾生肉。蘇東坡雖以居士自居，並未以戒爲師。曾有「無肉令人瘦，無竹令人俗」詩句。東坡有口腹之欲，「東坡肉」至今仍爲名菜。靈源二偈均爲東坡居士而寫。據《羅湖野錄》載：靈源禪師居黃龍昭默堂，與東湖居士徐師川夜話，遂及陳述古嘗對東坡談禪，東坡謂其說如食龍肉，且以自所論若食豬肉，實美而眞飽也。靈源曰：「此乃東坡早歲趁俊發言，不覺負墮，當爲明之。」其二偈即爲東坡而寫，引其一偈以證。

蘇東坡一貶黃州、再貶惠州，晚年更貶儋州、臨老投荒、生活受盡折磨。因平生嗜食肉，故患「消渴症」（糖尿病）。此即無明之果報也。

蘇東坡好談禪，但不如王維生性淡泊，且王維禪誦甚篤。而蘇東坡則止於口頭禪、文字禪，故其詩作思想境界不如王維，福報亦不如王維。王維晚年安居輞川別墅，且自知解脫之期。蘇東坡則心常戚戚，客死常州，晚景淒涼。蓋蘇東坡六根未淨，六塵未脫，正如靈源所言「不覺負墮」也。因果乃宇宙自然法律，絕非迷信。

釋善清

釋善清（一〇五七—一一四二），號草堂，俗姓何，南雄州保昌縣（今廣東南雄）人。神宗元豐四年（一〇八一）剃度，徽宗政和五年住黃龍，後住曹疏二山，移居興隆府泐潭草堂寺，爲南嶽下十三世，黃龍祖心禪師法嗣，高宗紹興十三年卒。年八十六。有詩偈十首。境界極高，眞得道高僧也。錄其三首。

讀法界觀

多中即一一中多，浪裡全提水是波。
波水滅時多一盡，日輪當午見星河。

此即色不異空，空不異色；色即是空，空即是色；不生不滅，即生即滅，芥子須彌，須彌芥子；天涯尺咫，咫尺天涯之妙理也。世界無常，一旦大涅槃，萬法皆空，不生不滅，不垢不淨、不增不減矣。此詩不但禪意深，詩藝亦臻化境。

送臨安南蕩崇覺空禪師偈

十年聚首龍峰寺，一悟眞空萬境間。
此去隨緣且高隱，莫將名字落人間。

頌

八萬四千非一一，七金山內海滔滔。
妙高峰頂平如掌，誰把長竿釣巨鼇？

第二首境界高而雅。第三首與第一首意同。釋善清不但詩好，且爲難得一見之得道高僧、大師也。

李回

李回，字少愚，江寧（今江蘇南京）人。琮子。哲宗元祐二年（一〇八七）進士。試中書舍人，知東平府，徽宗政和六年，爲監察御史。欽宗靖康元年（一一二六），以簽書樞密院事兼大河守禦史。高宗建炎元年（一一二七），由知洪州落延康殿學士，授朝奉大夫，秘書少監，袁州居住。二年，同知樞密院事，紹興元年，爲江西安撫大使。三年，提舉江州太平觀。有詩二首。其《題妓帕》七絕，風雅之至。

據《錦繡萬花谷》載：文潞公知成都，喜竹樂，有飛語至京師。御史何郯字聖徒，蜀人，告歸，人遣察之。李少愚謂公曰：「無足念慮。」因迎謁聖徒於漢州。同郡會有妓善舞，聖徒喜之，問其姓，曰楊。聖徒曰：「所謂楊台柳者。」愚取帕題詩如后：

蜀國佳人號細腰，東台御史惜妖嬈。
從今喚作楊台柳，舞盡春風萬萬條。

此詩風雅而不輕薄下流，末句更有情致，意象生動活潑無比。

楊允

楊允，徽宗崇寧四年（一一〇五）爲開封府倉曹參軍。高宗建炎元年（一一二七）由知筠州降三官致仕。有《不預曲宴》詩一首。詩好更見風骨，「降三官致仕」已屬萬幸矣。詩如后：

聞説宮苑滿鬢紅，上林絲管侍重瞳。
蓬萊咫尺無由到，始信仙風迴不同。

釋心道

釋心道（一〇五八—一一二九），俗姓徐，眉州丹稜（今屬四川）人。住常德府文殊寺。爲南嶽下十五世，太平佛鑑慧勤禪師法嗣。高宗建炎三年卒，年七十二。有詩十首。

野狐

石崇富貴籛堅壽，潘岳容儀子建才。
但願東風齊著力，一時吹入我門來。

勘婆

三月春光上國游，祥雲瑞氣鎖龍樓。
親從宣德門前過，更問行人覓汴州。

狗子無佛性

狗子無佛性，老蚌吐明珠。
西川鳴杜宇，江南啼鷓鴣。

燒木佛

彭祖八百乞延壽，秦皇登位更求仙。
昨向天津橋上過，石崇猶自送窮船。

以上四首絕句都是譏刺詩，表示娑婆世界是非顛倒，人心不足。第三首《燒木佛》更是一個「貪」字了不得！

張繼先

張繼先，字嘉聞，貴溪（今江西貴溪縣西）人。住信州龍虎山上清觀，嗣漢三十代天師。徽宗崇寧四年（一一〇五）召至京，賜號虛靖先生。北宋末卒。有詩五卷。

張繼先是三十代天師，是漢以來的道教嫡傳。就詩論詩，其修養與思想境界均在一般進士之上，與宋朝高僧相伯仲，尤其是《金丹詩》四十八首，與呂洞賓詩相較，亦不多讓。絕非道教中故弄玄虛者可比。道教流入中下層社會，已走火入魔，佛教在下層社會亦復如此，均少正統正信。惟道教之發展不如佛教順利，高道不多，故聲勢較弱。而道家高人如陳摶等，並未深入民間，亦無正式傳承制度，高級知識分子雖對之敬仰有加，但缺少群衆基礎。以東晉高道陸修靜而言，亦僅與陶淵明、慧遠交往，亦無群衆基礎。道家思想、宗教之式微，其來有自。張繼先之後，亦難以爲繼矣！

野軒偶書

日月雙螢火，乾坤一鵲巢。

野軒有涼户，誰敢等閒敲？

這首五絕表現了張繼先的宇宙觀。在浩瀚宇宙中，日月和我們這個地球，亦不過是一微塵而已。道家、佛家都有正確的宇宙觀。人文主義的儒家思想，多局限在這個娑婆世界和人際關係中。格局太小，眼界不寬，「世界大同」理想遲遲難以實現。基督教、回教的基本教義派，則是唯我獨尊，有我無人，排他思想與行爲模式的激烈，使彼此衝突不斷，往往造成人類的大災難。佛道兩家具有高思想境界的詩乃至小說，則是提升人類精神生活，擴大人類視野的清涼劑，因此我更加重視。

張繼先的《金丹詩》，不僅是文學作品，更有益世道人心與修持，是成仙的法門。錄其要者如后。

流俗紛紛不悟眞，不知求己卻求人。
只貪世上無窮色，忘卻人間有限身；
鼎內藥成堪益壽，水中金盡化輕塵。
北邙山下纍纍土，總是人間不了民。

神仙妙用最難窺，學道多因慾道迷。
向此若能明水火，這回方得識東西；
眞鉛莫把凡鉛雜，眞婦休將世婦齊。
坎離自交身自泰，恁時方見是夫妻。

道家修行以陰陽五行爲大原則，詩中坎離完全是方位、水火。男女夫妻均指陰陽。所謂「鉛」者非指物質之鉛，乃代名詞也。此外呂洞賓詩中常用子午卯酉，此係指時間。道家最重視時間、空間、五行的調和配合，佛家亦重視陰陽平等。如不了解此一基本原則，不但難以突破修行障礙，連詩也難讀懂。

存神認取本來身，此理幽玄可學人。
無漏實成除有漏，迷津繞出是通津；
浮生難保千年壽，仙世輕翻萬劫春。
堪歎茫茫迷路者，甘將神作北邙塵。

詩中的「有漏」、「無漏」，佛道兩家修行看法一致。修到「無漏」，即成仙成佛也。「神」與「本來身」即指「眞我」、「佛性」。修行即在認識「眞我」、「佛性」。我們的「肉體」不過是一「載具」，並非眞我。佛家所謂四大假合也。

貪看浮名浮利身，不思光景走頻頻。
只貪眼下紅顏好，不覺頭中白髮新；
藥鼎堅牢延壽命，情恣放縱損天眞。
勸君求取金丹訣，弄個嬰兒脫俗塵。

無論佛道兩家，均重清心寡欲。佛家所謂五欲乃財、色、名、食、睡。財、色、名，更是人之大欲，如再加上「貪」——「情恣放縱」就是貪，那就永遠六道輪迴了。

學道多多少悟眞，眞成便見自家身。
三田有路縱橫去，萬類無緣變換因；
土內養金金色重，鼎中進火火功新。
若於財色全無動，便是蓬萊洞裡人。

此詩開頭即指出學道的人多，悟道的人少。中間四句是講修行方法，最後兩句是講守戒，戒財戒色。但是縱然嚴守戒律，仍未必能成仙成佛，必須大開悟，證悟才行。

最後再引張繼先一首五絕：

白雲閒似我，我似白雲閒。

二物俱無心，逍遙天地間。

這是道家的風範，也就是佛家的「放得下」。能「完全放下」，當下解脫也。

趙企

趙企（？—一一一八），字循道，南陵（今屬安徽）人。神宗熙寧九年（一〇七六）進士。徽宗大觀間知績溪。重和元年卒於台州通判任。有詩十七首。其中《秋日西湖泛舟》，寫景極具匠心。詩如后：

湖光山色共爭秋，一點塵埃無覓處。
沉沉水底見青天，畫舸直疑天上去。

李膺仲

李膺仲，約神宗、哲宗時人。有《題自畫蘆雁》七絕一首，詩中有畫。亦妙筆也。詩如后：

晚來無事理扁舟，喚起騷人漫浪愁。
過眼飛鴻三兩字，淡煙寒日荻花秋。

釋如庵主

釋如庵主，名未詳。久依法眞，居台州天台如庵寺，爲青原下十三世，本覺守一禪師法嗣。因看雲門東山水上行語，發明己見，歸隱故山，猿鹿爲伍。郡守聞其風，遣使逼令住持，作偈拒之，遂焚其廬，不知所止。

辭住持偈

三十年來住此山，郡符何事到林間？
休將瑣瑣塵寰事，換我一生閒又閒。

此詩偈之高雅，益見郡守之粗俗。

釋顯嵩

釋顯嵩（一〇五八—一一三七），俗姓李，銅梁（今屬四川）人。住巴川宣密院三十餘年，足跡不出鄉里。高宗紹興七年卒，年八十。有頌偈各一。錄其偈如后：

昨日羅刹心，今朝菩薩面。
羅刹與菩薩，不隔一條線。

佛與魔不易分別，全在一念之間。善念慈悲即佛，惡念險狠即魔。眾生有菩薩其面，蛇蠍其心；亦有包公其面，菩薩其心也。唯慧眼識之。

仇博

仇博，字彥父。其先薊人，唐時寓居儀徵（今屬江蘇）。博年十三時作《雪中失白馬》七絕一首。只聞其聲，不見其形。妙筆也，白在其中矣！詩如后：

絲繮誤解白龍飛，滿地瓊瑤襯粉蹄。
愁殺塞翁尋不見，月明風靜只聞嘶。

晁說之

晁說之（一〇五九—一一二九），字以道，濟州鉅野（今山東巨野）人，自號景迂生。神宗元豐五年（一〇八二）進士。哲宗元祐初，官兗州司法參軍，後入黨籍。大觀、政和間監明州造船廠，起通判鄜州。宣和時知成州，未幾致仕。欽宗即位，以著作郎召，除祕書少監，中書舍人，復以議論不合，落職。高宗立，召爲侍讀，後提篸杭州洞霄宮。建炎三年卒，年七十一。有詩六卷。兩首可取。

節孝處士徐先生積字仲車

莫怪先生身上貧，眼看物外似浮雲。
房中除卻琴棋後，更有門前鶴一群。

此詩前兩句寫徐積貧的原因在於心在物外。後兩句點出房中琴棋之外，門前還有鶴一群。表現徐積之雅，富貴是庸福，雅人多清貧。此雖非定律，但爲通理，與造化有關。

聞四明人不喜鞦韆有作

思歸未得恨深年，時節清明最可憐。
越女腰支勝趙女，生平不敢賽鞦韆。

越女婀娜多姿，腰如弱柳；趙女健美剛強。賽鞦韆需要體力與勇氣。此詩借鞦韆表現南北女性之差異，十分自然。

趙院判·蘇小娟

趙院判，失其名。太宗六世孫，不敏弟。有《寄蘇小娟》七絕一首，據《山堂肆考》載：宋蘇小娟，錢塘妓，與姊盼妓齊名，盼妓與太學生趙不敏甚洽欸，不敏日甚貧，盼妓固濟之，遂捷南省，得授官襄陽府司戶。不敏赴官三載，想念成疾而卒官。祿俸分屬其弟趙院判均分之，一以膳院判，一以送妓奴，且言盼奴有妹小娟，俊雅能吟，可謀致之，佳偶也。

院判如言至錢塘，托故人倅錢塘者召盼奴，其家云盼奴一月前死矣，小娟亦為盼奴所歡者以於潛官絹誣攀繫獄中。召小娟出，倅曰：「趙司尹亦謝世矣。有其弟院判一緘付爾開之。」小娟自謂不識院判何人？及拆書，惟一詩如后：

> 當時名妓鎮東吳，不好黃金只好書。
> 借問錢塘蘇小小，風流還似大蘇無？

這首詩很好，探問而不輕佻，蘇小娟亦有《和趙院判》七絕一首，旗鼓相當，後脫籍歸趙院判。詩如后：

> 君住襄陽妾住吳，無情人寄有情書。
> 當年若也未相訪，還有於潛官絹無？

讀進士詩數日，味同嚼蜡。難得一首有人情味好詩。讀趙蘇二人僅有之二詩，勝讀一般進士千萬首也。

鄒浩

鄒浩（一〇六一—一一一一），字志先，自號道鄉，常州晉陵（今江蘇常州）人。神宗元豐五年（一〇八二）進士，調揚州、穎昌府教授。哲宗元祐為太常博士，出為襄州教授、元符元年（一〇九八），召對，除右正言，因忤章惇，並論罷立劉后，除名勒停，羈管新州。徽宗即位，添監袁州酒稅，尋復右正言，遷左司諫。改起居舍人，進中書舍人。歷吏部、兵部侍郎。崇寧元年（一一〇二），又因忤蔡京，以寶文閣待制出知江寧府，改杭、越二州，重理罷立后事，責衡州別駕，永州安置。後半年，除名勒停，竄昭州。四年，移漢陽軍。五年，歸常州。大觀間，復置龍圖閣。政和元年卒，年五十二。有詩十四卷。

鄒浩詩亦多無病呻吟，陳腔濫調，不見性情，好詩甚少。又好談禪說佛論道，卻不明白色即是空，不過拾人牙慧，而且功名利祿心重，顯有人格分裂。不妨以詩爲證。

定林長老首座自合浦來以此示之

已入高樓見彌勒，卻尋舊路禮文殊。
誰知垢膩衲衣內，總是摩尼無價珠。

示愚溪守道山主

叉手前來問我禪，我無言句與人傳。
一盃茶罷抽身起，笑指長松直上天。

前一首是玩弄「彌勒」、「文殊」、「摩尼」名詞，毫無內容。後一首是故弄玄虛拾指月禪牙慧，自己毫無心得。但他的詩中卻多的是「萬里歸來荷聖恩」，「慚愧君恩似日長」之類的歌功頌德的句子。而最表現他栖栖惶惶，受寵若驚的是先後兩首《紀夢》詩，先一首是七絕，詩前有紀云：「十二夜，夢孫夢臣報予，已有賜還之命。後三日，夢臣有簡來，云昨夜夢予遣人諭以得移信州。豈偶然哉？」詩如后：

夢如符節自然合，吉事有開事必先。
天地無私人主聖，孤臣從此望歸田。

第二首《紀夢》詩亦有前記云：「頃夢侍上左右如平時，上方作字，遽以筆付浩曰：賜卿此筆。」因此他又作了一首五律如后：

玉色照清都，孤臣亦侍書。
叨蒙一筆賜，恩似五年初；
竄逐雖云遠，精誠自不疏。
皇心定垂惻，行獲奉安輿。

一個好談禪說佛論道的讀書人，如果不明白老子的「生而不有，爲而不恃，長而不宰」和「無爲」而後「無所不爲」，以及釋迦牟尼的「無人相、無我相、無衆生相、無壽者相」與「一切有爲法，如夢幻泡影，如露亦如電，應作如是觀。」而在天天作夢想到「聖主」、「聖恩」揣摩「皇心」如何？如不是人格分裂，就是妾婦奴才心理牢不可破。這般沒有獨立人格的進士，心中那有蒼生？又怎能寫出好詩來？趙宋奴役進士的策略是成功了。徽欽二帝又怎能不爲臣虜呢？後之視今，亦猶今之視昔也。

毛衷

毛衷（?—一一二〇），江山（今屬浙江）人。徽宗政和間知賀州。任滿，值方臘起事，不得歸。卒於賀州。僅有《賀州作》詩一首。無假道學氣，頭巾氣，腐儒氣。是好詩。

幾年宦跡浪江湖，到此功名心已無。

獨上高樓翹首望，江郎山下白雲孤。

僧某

僧某，姓名未詳，曾向釋文準問法。亦僅詩一首如后：

以偈問文準禪師

寒食因悲郭外春，野田無處不傷神。

林間壘壘添新塚，半是去年來哭人。

人生無常，輪迴流轉不已。此詩看似尋常，實寓禪意。較僧文準故弄玄虛，如文字遊戲的頌偈，落實多矣。「佛法在世間，不離世間覺。」凡愛弄玄虛、玩文字禪的僧人，與假道學、頭巾氣重的腐儒進士們亦五十步與百步耳。

翁彥約

翁彥約（一〇六二—一一二二），字行簡，崇安（今福建武夷山市）人。仲通子。徽宗政和三年（一一一三）進士，調汝州龍興尉，改常州司法參軍。居二年，召入爲詳定九域圖志編入官。七年除太常博士，歲餘，出提河北西路學事。宣和四年，知高郵軍，卒於任，年六十二。有詩七首。

武夷雞窠巖

仙人清磬讀黃庭，長聽金雞半夜聲。
一夕都隨黃鶴去，滿巢明月白雲生。

武夷毛竹祠

毛竹連雲路欲迷，洞門深鎖落花遲。
魯孫幾度春風老，未了仙人一局棋。

仙釣台

百粵堯時路未通，曲溪春水沒長松。
老仙台上無明月，不釣凡魚只釣龍。

福建武夷山風景秀麗，凡名山勝水處，多有神仙傳說。以上三首七絕，均掌握此一要點寫作，因此首首詩均有仙氣，益顯文字與大自然結合之美。

趙令時

趙令時（一〇六一—一一三四），初字景貺，蘇軾爲改字德麟。宋宗室。哲宗元祐六年（一〇九一），簽書潁州節度判官。蘇軾知潁，與之遊，後以此入元祐黨籍，高宗紹興初，官至右監門衛大將軍，權知行在大宗正事。紹興二年（一一三二），封安定郡王。三年，同知行在大宗正事。四年卒，年七十四。有詩十一首。

秋

白藕作花風已秋，不堪殘睡更回頭。
晚雲帶雨歸飛急，去作西窗一夜愁。

宋阮閱《詩話總龜》前著卷六〇作趙妻王氏詩。姑不問作者爲誰，此詩無假道學氣，可取。

江樓閒望

紅塵無處不諠嘩，獨上江樓四望賒。
泥水僧歸林下寺，待船人主渡頭紗；
雲藏島外啼猿樹，竹鎖橋邊賣酒家。
吟罷憑欄心更逸，海風吹斷暮天霞。

這首七律頷頸聯的倒裝句法不但工穩，而且產生了一種不可多得的美感。詩中有畫，殊堪玩味也。

趙占龜

趙占龜，字十朋，浙江黃巖人。與石公弼、李光爲內外兄弟，人稱雙桂隱士。有絕句一首，可見其自由自在、無人無我的隱逸曠達之樂。詩如后：

四枚豚犬教知書，二頃良田儘有餘。

魯酒三杯棋一局，客來渾不問親疏。

周行己

周行己，字恭叔，永嘉（今浙江溫州）人。早年從伊川二程遊，哲宗元祐六年進士。徽宗崇寧中官太學博士、齊州教授。曾知原武、樂清等縣。宣和初，除祕書省正字。後入知東平府王靚幕，卒於鄆。有詩二卷。以絕句爲佳。

睡起偶書

爐香一炷滿床書，野杏山桃三四株。

食罷睡餘還獨立，一身此外復何須？

此詩表現了一種無欲無求悠然自得之樂，有別於患得患失的一般進士。

瀟湘暮雪

凍雲垂地雪紛飛，日暮天寒雁已歸。
猶有江頭問津者，不知此去欲何依？

此詩寫日暮寒冬急景如畫，後兩句表現了詩人的疑問和同情心。

春閨怨三首

春盡遼陽無信來，花奩鸞繞滿塵埃。
黃鶯恰恰驚人夢，欲到郎邊卻麼回。

深院無人簾幕垂，漫裁白紵作春衣。
停針忽憶當年事，羞見梁間燕子飛。

燕子引雛來去飛，楊花漠漠草淒淒。
窗前睡起春無緒，倚遍欄干日又西。

武陵煙雨

桃花流水武陵源，煙雨冥冥暗一川。

試問山中避秦者，不知此景是何年？

周行己的絕句，不論是寫景抒情，都言之有物，意象鮮明。其《春閨怨》三首，對少婦心理描寫，不落前人窠臼，人物呼之欲出。

司馬棫

司馬棫，字才叔，陝州夏縣（今山西）人。檟弟。登進士第。嘗荐賢良，以黨錮不召。有詩十首，其七絕《江干小雪》，時令、地點、漁船、驢、馬、以及人物心態的描寫都很具體生動，字字恰到好處，是不可多得的佳作。詩如后：

楓落吳江小雪天，三三兩兩捕魚船。
蹇驢瘦馬何方客？眼看風波不著鞭。

這是一個寫景詩，景物是吳江江干，此時楓葉落了，天氣還不太冷，所以下的是「小」雪，不是大雪。他在江邊看到的是「三三兩兩」的「捕魚船」，不是一隊，也不是一隻。此外還有不知來自何方，騎著跛足的驢子和瘦馬的行客經過，卻眼看著江上的風波停鞭不前。這二十八個字，意象豐富極了！這是西洋詩和「現代派」詩、新詩辦不到的。唐詩中也只有柳宗元的《江雪》可比。但因馬棫的名氣没有柳宗元大，在宋朝詩人中也不突出，眞有幸有不幸也！

韓常卿

韓常卿，哲宗時知長泰縣。有七律《董鳳山》一首，甚佳。詩如后：

丹竈棋盤去不收，未知蹤跡爲誰留？
煙霞空鎖樵人徑，松檜重陰古寺樓；
怪木化龍雲雨夜，碧波涵月鏡潭秋。
遼東夢斷無歸鶴，山自嵯峨水自流。

張之才

張之才，字次文，遼（今山西左權）人。哲宗紹聖初，知澤州陽城縣。有詩二首。其七絕《去任辭湯廟》，寫其清廉毫不矯飾，心如日月，氣沖牛斗，爲唐宋官吏中所未有者。詩如后：

一官來此四經春，不愧蒼天不愧民。
神道有靈應信我，去時猶似到時貧。

洪朋・洪芻

洪朋，字龜父，號清非居士，江西南昌人。黃庭堅甥。與兄弟芻、炎、羽並稱「四洪」，爲江西詩派中著名詩人。曾兩舉進士不第，以布衣終身，卒年三十七。有詩二卷。

走筆寄師川三之二

江南風物六朝餘，暇日登樓好著書。
莫問向來興廢事，世間無物不空虛。

此詩三四兩句頗富禪意，才情亦較乃舅黃庭堅高。

雲溪院

水竹依山在，煙霞並舍分。
秋添中夜雨，冷浸一溪雲。

荐福院

曲徑因山轉，精廬到地成。
樓從雲表出，人在日邊行。

兩首寺院詩均爲寫景之作，詩中有畫。其弟洪芻亦有詩三卷。以《道中即事》七絕八首之二較佳，詩如后：

十年不踏關山道，千里來尋長短亭。
煙水照人頭欲白，雲峰見我眼猶青。

釋守卓

釋守卓（一〇六五—一一二四），俗姓莊，福建泉州人。弱冠遊京師，肄業天清寺，試大經得度。遊學至三衢，見南禪清雅禪師。舍去，抵姑蘇定慧寺，從遵式禪師，通《華嚴》。時靈源清禪師住龍舒太平寺，道鳴四方，遂前依從。清禪師遷往黃龍寺，守卓隨侍十載，繼而又至太平寺，佛鑑懃禪請居第一座。後主舒州甘露寺，又遷廬州能仁資福寺，終住東京天寧萬壽寺，稱長靈守卓禪師，爲南嶽下十四世，黃龍清禪師法嗣。徽宗宣和五年十二月二十七日卒，年五十九。有詩二卷。

守卓禪師無論詩、偈、頌均佳，顯見其禪修與詩學不同凡響。茲選其二者俱佳，又較易爲讀者理解者於后：

即心即佛

風勁葉頻落，山高日易沈。
坐中人不見，窗外白雲深。

山居二首

僧家畢竟居山好，石室茅茨養病身。
開眼不知明屬目，回頭只見影隨人；
密通蛇虎爲眞友，笑與禽魚會本因。
客問住山今幾久？一番芳草一番春。

當軒唯有好溪山，卒歲無人共往還。
閒看白雲生翠碧，靜聞清磬落潺湲；
聲將聲入分猶易，空以空藏見即難。
此箇不能收捨得，任隨流水落人間。

牧童

相呼相喚又村謳，放卻牛來古渡頭。
有客問津渾不顧，笑將輕葦汎孤舟。

山中偶作

猛虎嘯寒谷，烏雅噪晚暉。
圓通門大啓，何事不同歸？

第一首「即心即佛」前兩句乃自然之理，第三、四句寓無我相、萬物一體之意。禪味無窮，詩意雋永。

《山居》二首、《牧童》、《山中偶作》，首首佛、道相通。「和光同塵」、「圓通無礙」。尤以《山中偶作》意趣渾然，眾生一體。非大澈大悟而又文學修養深厚的高僧不易臻此境界。

釋蘊常

釋蘊常，字不輕。居丹徒嘉山，與蘇庠相倡和，後蘇庠弟祖可爲僧，遂與之偕往廬山。有詩十首。

送室上人

過了梨花春亦歸，小窗新綠正相宜。
白髮更作西州夢，細雨青燈話別離。

春日

燒燈過了客思家，獨立衡門數曉鴉。
燕子未歸梅落盡，小窗明月屬梨花。

江村

江村風急葦花飛，漠漠炊煙樹影稀。
亦有人家沙際住，夕陽雞犬傍人歸。

釋蘊常詩雖無禪意，境界不高，但無假道學氣，清新可讀。如第一首的末句「細雨青燈話別離」，第二首末句「小窗明月屬梨花」，第三首末句「夕陽雞犬傍人歸」。都是富有意象美的佳句。

牧童

牧童，失其姓名，約與鍾傳同時。有《絕句》一首如后：

草鋪橫野六七里，笛弄晚風三四聲。
歸來飽飯黃昏後，不脱蓑衣臥月明。

唐詩中無牧童詩，宋詩中有此一首，難能可貴。且全首符合牧童身分與晚歸情景。尤以「不脫蓑衣臥月明」句最富有詩意。據宋劉克莊《苕溪漁隱叢話》前集卷五八引《西清詩話》：鍾弱翁帥平涼，一方士通謁，從牧童牽引黃犢立于庭下。弱翁異之，指牧童曰：「道人頗能賦此否？」笑答：「不煩吾語、是兒能之。」牧童乃操筆大書云云。則此牧童亦異人也。

毛伯英

毛伯英，字賢萬，浙江衢縣人。哲宗紹聖初徙居奉新。二年，中解試。有《詩一首》如后：

鐵鎖沉沉截碧江，風旗獵獵駐危檣。
禹門縱使高千丈，放過蛟龍也不妨。

據《奉新縣志》載：毛伯英嘗經岳武穆駐兵之地，江禁方嚴，投詩云云。武穆覽而喜曰：「此詩人也。」贈舟以渡。

岳飛乃能詩善詞的儒將，慧眼識人識詩，且贈舟以渡，亦佳話也。

王荀

王荀（?—一一二六），浙江海寧人。欽宗靖康元年（一一二六），隨父稟官太原。金兵攻太原，城陷，父子俱赴汾水死。《有廣勝寺》七律一首，寫景抒情，均有可取。詩如后：

重遊蕭寺十年過，四望風煙景若何？
東北嶺高明月遶，西南川遠夕陽多；
地饒勝概連靈岳，民足豐年藉綠波。
卻笑山僧無忌憚，一生安處在巍峨。

李照玘

李照玘（？—一一二六），字成季，濟州鉅野（今山東巨鹿）人。神宗元豐二年（一〇七九）進士，任徐州教授，哲宗元祐五年，自祕書省正字除校書郎。通判潞州，入爲祕書丞，開封府推官。出提點永興、京西、京東路刑獄。徽宗立，召爲在司員外郎，遷太常少卿，出知滄州。崇寧初，入黨籍，居閒十五年，自號樂靜先生。欽宗靖康元年，以起居舍人召，未赴而卒。有詩三卷。無古體詩，全爲絕律詩，故好詩較多。

弔劉孝嗣

富貴從來一羽輕，胸中萬卷復何營？
囊錢盡處布衾短，謗言息時墳草生；
一日得行須有命，百年不死是高名。
瑤琴掛壁凝塵滿，無復當年流水聲。

挽詩之類的應酬作品，類多歌功頌德，隱惡揚善者，少眞性情，自少好詩，故不足取。此詩不然，生死相關，亦借他人酒杯，澆自己塊壘也，乃性情之作。亦足見生者死者，均非俗物。

道中書懷三首

竹樹出平岸，人家藏遠煙。
片帆雲度水，雙槳雁隨船；
綠變春回地，寒生雨後天。
前途盡佳境，得意且留連。

漸入臨淮路，移舟每問津。
行行風逆水，處處雨隨人；
啼鳥如留客，幽花忽見春。
白魚不論價，沽酒莫辭貧。

平野青蕪合，長橋綠樹低。
客愁須白酒，春意屬黃鸝；
落日鄉關遠，孤村煙水迷。
清明能幾日，卻過浙江西。

此三首「書懷」五律，並未「寫志」，而「志」在「景」中。造句優美，對仗工穩，詩意淡雅，境界圓融，屬詩中精品。

還家有作

還家春已晚，風雨誤歸期。
飲啖嬉兒笑，形容吠犬疑；
江山猶似夢，巾屨謾多詩。
未負東園醉，桃花正此時。

這首五律也是好詩。娓娓道來，如對故人，親切生動，言淺意深。

趙期

趙期（一〇六六—一一三七），字友約，祖籍洛陽，其父趙寓遷居亳州，趙普四世孫。哲宗紹聖元年進士，官機宜詳檢文字，除秘書郎。徽宗立，累遷光祿少卿、國子祭酒。宣和二年，除尚書丞，遷兵部尚書。三年，以鎮壓宋江、方腊，封武功伯。欽宗靖康元年冬，奉敕爲江南宣撫使督諸勤王兵入援。高宗即位，以衛尉少卿進封河南郡公。自亳護駕南遷，僑居縉雲。紹興七年卒，年七十二，謚忠簡。有詩五首。其《臨安自述》七律有「誰知四海同文久，未合中原武備空。星落夜原妖氣滿，漢家麟閟待英雄。」已露出趙宋偏安臨安，國亡無日矣！其另一首七絕《自述》，可能寫作時間不同，則是另一番滋味。詩如后：

萬木陰中一草廬，溪風山月弄清虛。
主人靜坐心無物，讀盡人間未見書。

這可能是歸隱山林之後的作品。「主人靜坐心無物，讀盡人間未見書。」不是修行靜坐者體會不出來。入定後能見人間所難見者，豈止書也。

林同叔

林同叔，哲宗紹聖中知增城縣。蘇軾稱之爲奇士。有詩四首，均爲七絕，屬仙家語。此或即蘇軾稱之爲「奇士」之由也。錄其二首如后：

七星壇

十年客夢到南徐，玉案曾看綠篆書。
今日星壇香一瓣，恍如身再到沖虛。

莫道人

萬古煙霞隱石門，洞中別是一乾坤。
仙翁自不知年歲，山下於今幾代孫。

僧不言姓，道不計年，此之謂仙也。莫道人如此，林同叔亦無生卒年月，無怪乎蘇軾奇之。但佛家的「不生不滅、不垢不淨、不增不減」則指涅槃境界，極樂淨土也。娑婆世界，一切無常，肉體豈能永生？

王元甫

王元甫，江州（今江西九江）人。居廬山。哲宗紹聖間賜號高尙處士，有詩名。蘇軾過九江，慕名求謁，竟不見。《全宋詩》中僅有其《景陽井》詩一首。我少年時讀書廬山，亦不知其名。以蘇軾之名滿朝野，慕名求見而不見，當非妄自尊大，惜其詩未傳。而故鄉九江（古名柴桑、江州、潯陽）自陶淵明以後即少詩人。我讀遍全唐詩，未見一人；讀遍全唐宋詞，王寀則爲唯一詞人，且亦爲詞人唯一棄市者，不無感慨。我在《年年作客伴寒窗》散文集中的《爲他腸斷白蘋洲》一文中曾塡《浣溪紗》一闋哀之。今讀《全宋詩》亦僅見王元甫一人一首詩，故不得不以拙作《墨人詩詞詩話》一書以實之，以慰鄉先賢於九泉之下也。茲錄王元甫《景陽井》五絕於后：

動地隋兵至，君王尚晏安。
須知天下窄，不及井中寬；
樓外鋒交白，溪邊血染丹。
無情是殘月，依舊照闌干。

此詩感慨甚深，足證「高尙處士」亦有血有肉也。

謝氏

謝氏，謝郎中女，王允初（元甫）妻，有《送外》詩一首如后：

此去唯宜早早還，休教重起望夫山。

君看湘水祠前竹，不是男兒淚染斑。

謝氏七絕不在乃夫五律之下，三、四兩句更是語重心長。據《詩話總龜》載：謝郎中有女，數步能吟詩，長嫁王元甫。元甫調官京師，送別云云。則謝氏之詩，自不止於一首，滄海遺珠，殊堪浩歎。

周因

周因，字與道，福建浦城人。哲宗紹聖四年進士。累官司農少卿，除直徽猷閣，知桂州，以中大夫致仕。有詩二首。《株林山卻笠嶺》七絕與道家神仙傳說有關，甚佳，詩如后：

萬疊青山鎖翠煙，山間別是一家天。

須臾卻笠乘雲去，已是浮生七百年。

范致君

范致君（一作致沖），福建建甌人。哲宗紹聖四年（一〇九七）進士，有詩四首。七絕《竹林寺》寫景切題，韻味甚佳。

竹林深處有招提，靜掩禪關過客稀。
薝蔔花開春欲暮，泠泠鐘磬白雲低。

釋鑾

釋鑾，居西蜀。爲南嶽下十四世，法雲杲法師法嗣。有偈二首，乃有感而作。據《五燈會元》載：師在蜀居講會，以直道示徒，不泥名相，而眾引去，遂說偈一。罷講。由是隱居二十年，道俗追慕，復命演法。笑答偈二。眾列拜悔過。兩川講者爭依之。兩偈如后：

衆賣華兮獨賣松，青青顔色不如紅。
算來終不與時合，歸去來兮翠靄中。

遁跡隱高峰，高峰又不容。
不如歸錦里，依舊賣青松。

世人多認假不認眞。佛祖說法，離席而去者亦多。釋鑒此兩詩，道盡尷尬。

謝逸

謝逸（一〇六八—一一一二），字無逸，號溪堂居士。江西臨川人。少孤，博學，工文辭。以詠蝴蝶詩三百首知名，人稱謝蝴蝶。屢舉進士不第，以布衣終老。逸與從弟邁齊名，時稱「二謝」。呂本中列兩人入《江西詩派圖》，有逸似康樂，邁似玄暉之譽。卒於徽宗政和二年，年四十五。有詩六卷，多爲絕律，好詩甚多，無假道學氣、頭巾氣，能見性情。

聞幼槃弟歸喜而有作

門前楊柳未藏鴉，溪上櫻桃已著花。
午夢覺來聞好語，阿連有信欲還家。

梅二首

城中桃李休相笑，林下清風汝未知。
本是前村深處物，竹籬茅舍卻相宜。

老大無人伴我閒，憶梅幽意頗相關。
不如移植溪堂後，免使凡夫俗手攀。

春詞二首

曲闌干外柳垂垂，羅幕風輕燕子飛。
獨依危樓思往事，落紅撩亂典春衣。

荳蔻梢頭春事休，風飄萬點只供愁。
杜鵑啼破三更月，夢繞雲間百尺樓。

梨花已謝戲作二首傷之

冷香消盡曉風吹，脈脈無言對落暉。
舊日郭西千樹雪，會隨蝴蝶作團飛。

剪剪輕風漠漠寒，玉肌蕭瑟粉香殘。
一枝帶雨牆頭出，不用行人著眼看。

和智伯絕句

平生學道慕裴休，投老無心賞莫愁。
特買扁舟載明月，誰人伴我五湖遊？

夜興

桂桐葉落覆東牆，院落清風枕簟涼。

夢覺疏鐘鳴遠寺，一池明月芰荷香。

秋

異鄉寒覺早，故國信來稀。
秋風江上望，一雁正南飛。

作者屢舉進士不第，以布衣終身，故無功名心，無得失心。不論任何題材、信手寫來，無所顧忌，一片詩心，悠然自得。如《秋》之三、四兩句：「秋風江上望，一雁正南飛。」何等自然？與陶淵明的「采菊東籬下，悠然見南山。」意趣相若，亦不多讓。與黃庭堅詩則大異其趣矣。

張賽賽

張賽賽，哲宗元符間汴京角妓。事見《醉翁談錄》壬集卷二《崔木因妓得家室》。有《謝崔子高》詩一首如后：

春光駘蕩滿皇州，裊裊垂楊夾御溝。
新燕梁間調好語，雛鶯林內囀歌喉；
當筵幸與多才遇，好景還須雅韻酬。
多謝東君多顧盼，免教重罰一生羞。

角妓者「俗呼俳優爲角；角妓當有女伶之義。」張賽賽即相當於今之女伶。亦才女也。而今之女伶、歌星，則鮮有能絕律詩者。

釋禪惠

釋禪惠，名山（今屬四川）人。哲宗元符間削髮爲僧。據《輿地紀勝》載：禪惠大師，名山人。元符間郡守品由誠以僧勅戲之，師即削髮。明日往住天寧，長老叩以佛法，不許乘馬，師即以詩答之，詩題爲《答天寧長老》。詩如后：

> 文殊駕獅子，普賢跨象王。
> 新來一個佛，騎馬也何妨？

文殊騎獅，普賢騎象，是釋家故事。唐詩中也有豐干騎虎故事。釋禪惠騎馬，以「新來佛」自喻，口氣大，詩亦佳。

汪洙

汪洙，字德溫，鄞縣（今寧坡東南）人。自幼善賦詩，有神童之號。哲宗元符三年（一一〇〇）進士，授明州助教，官至觀文殿大學士，卒謚文莊。有詩五首，其五絕《喜》一詩，人多能背，詩如後：

久旱逢甘雨，他鄉遇故知。
洞房花燭夜，金榜掛名時。

「掛」亦作「題」，題較「掛」雅。

曲端

曲端（?—一一三一），字正甫，一字師尹，鎮戎軍（今寧夏固原）人。高宗建炎初，渭州經略使席貢用爲統制，屯涇州，多次擊敗金兵。二年（一一二八），知延安府。三年，遷康州防禦使，經原路經略安撫使，並由川陝京西諸路安撫使張浚拜爲威武大將軍，宣撫處置使司都統制，知渭州。後爲張浚所忌，誣以謀反，紹興元年死於恭州獄中。有詩三詩。與一般進士無病呻吟，往往兩三千首無一可讀者，大異其趣。故三首全錄如後。

蜀中作

破碎江山不足論，何時重到渭南村?
一聲長嘯東風裡，多少未歸人斷魂。

溫泉寺

曾統山西十萬兵，腰間寶劍血猶腥。

山僧不識英雄客，何必叨叨問姓名？

清涼院

日脚燒空意欲燃，山行六月道聞蟬。
自憐不及高枝上，飽吸清風不費錢！

以上三首詩不但與一般進士詩大異其趣，而且橫掃宋朝進士詩的假道學氣、頭巾氣與萎靡之風。曲端詩有血有肉，更有英雄氣。《蜀中作》、《溫泉寺》兩首快人快語。《清涼院》三、四兩句更諷刺入骨。而其《題柱》的兩句詩聯，則為張浚羅織陷害而屈死恭州獄中，含冤莫白。一位多次擊敗金兵的民族英雄，與岳飛不相上下，而岳飛尚死後得直，流芳百世，曲端則沒沒無聞，八百多年後才遇到我這位讀者，不能不作不平之鳴。趙宋之亡，曲端之冤死獄中已肇其端，岳飛死時，宋金和議已成，趙宋稱臣納貢於金，更無可救藥也。曲端《題柱》聯如後：

不向關中興事業，
卻來江上泛漁舟！

據宋徐夢華《三朝北盟會編》載：張浚（時任川陜京西諸路安撫使）既失全陝、退保蜀中，復欲用端，（王）庶曰：不可，富平之戰，宣撫與端有勝負之約，今日宣撫有何面目見端？若曲端得志，雖宣撫亦敢斬之，不可用也。吳玠亦懼端之嚴明，恐其復用，乃書「曲端謀反」四字於手心。玠侍浚立，舉手以示浚，然不言也。浚雖有殺端之意，而未有罪。庶等曰：「曲端嘗作詩題柱，有指斥乘輿之意云云，此其罪也。」一代民族英雄、儒將、詩人，其才、其識、其氣節，與其後死者岳飛無異。

墨人注：曲端冤死於恭州獄中時爲高宗紹興元年辛亥（公元一一三一）。岳飛被殺時爲高宗紹興十一年辛酉（公元一一四一），先後相差十年。曲端含恨以終，没没無聞，更不幸於岳飛矣！

王道堅

王道堅（？—一一三一），江西貴溪人。徽宗政和間赴召，館於太乙宮。徽宗問以輕舉延年之術，對曰「清靜無爲」。授大素大夫，號凝妙感通法師。力請還山。高宗紹興初年，復遣使召之，先一日而逝。有《臨終詩》一首如後：

無心曾出岫，倦翮早知還。

爲報長安使，休尋海上山。

徽宗好方術，至高宗紹興初年，宋室已危如纍卵。高宗亦遣使召王道堅，亦不知死活者！紹興十一年即殺岳飛，向金稱臣納貢。王道堅或有先見，所以臨終時即留下此詩，三、四兩句更明言「爲報長安使，休尋海上山。」以儆冥頑。

斜元珍

斜元珍（一〇七一——一一四〇），字寶榮，浙江紹興人。哲宗元祐六年（一〇九一）進士。累官兵部左侍郎。有詩三首。其《辭朝》一首，可謂大徹大悟，最足以代表進士們的士氣官心。可作宋史讀。詩如後：

大定山河四十秋，人心不似水長流。
受恩深處宜先退，得意濃時便好休；
莫待是非來入耳，從前恩愛反成仇。
世間多少忠良將，服事君王不到頭。

這首詩顯然是受了曲端冤死、岳飛屈死的影響，是對趙宋昏君的抗議，是很有道德勇氣的。

王氏

王氏，河南新昌人，曹緯、曹組（徽宗宣和三年進士）之母。有《雪中觀妓》七絕一首如後：

梁王宴罷下瑤台，窄窄紅靴步雪來。
恰似陽春三月暮，楊花飛處牡丹開。

唐、宋之「妓」，是指能歌善舞之女性而言，亦如今日之歌星女伶。在唐宋封建社會，女性無社會地位。詩中所謂「妓」者，非今之公娼私娼也。此詩描寫人物，栩栩如生。

釋妙應

釋妙應（？—一一三八），號智緣，江南人。徽宗時往來京洛間，不拘戒行，人呼風和尙。高宗紹興二年卒於柳州。

據《咸淳臨安志》載：蔡京褫職居錢塘，僧妙應一日忽直造其堂，書詩一絕，題爲《書蔡元長堂》如後：

相得端明似虎形，搖頭擺腦得人憎。
看取明年作宰相，張牙劈口喫衆生。

蔡京爲奸相，人神共憤，僧妙應不瘋，心直口快耳。出家人固不應有貪、瞋、痴，但維摩詰亦謂「直心是道場」，「直心是淨土」，妙應此詩，實亦儆頑立儒之意、未可厚非。較之「鄉愿」德之賊也，不可同日而語。亂世不講是非，顚倒黑白，因此益亂。佛度衆生，應物隨形，不宜執其一端。濟公活佛，世人亦以爲癲，其實亦不過應物隨形耳。

釋宗一

釋宗一，住處長靈泉山寺。爲青原下十二世，慧林本禪師法嗣。有偈一首如後：

美玉藏頑石，蓮花出淤泥。
須知煩惱處，悟得即菩提。

人生煩惱太多，出家修行，多爲除去煩惱。但修行成敗在悟與不悟，不悟即眾生，悟即是佛，而「煩惱即菩提」，菩提即覺悟也，煩惱爲覺悟之根，人人都有佛性，佛由眾生修行而成。此偈即指點迷津，也是好詩。無論在家出家修行，不明此理，欲求解脫成佛，則如緣木求魚。

釋惟白

釋惟白，號佛國，住東京法雲寺。爲青原下十二世。法雲秀禪師法嗣，徽宗建中靖國元年（一一〇一），以所集《續燈錄》三十卷入藏。有偈一首如後：

過去正過去，未來且莫算。
正當現在事，今朝正月半。

明月正團圓，打鼓普請看。

這也是一首好禪詩，與大多宋僧人打啞謎的「偈」不同。此偈點明「當下即是」也，禪不在天，亦不在地，行、住、坐、臥都是禪。佛在心中，禪亦在心中，何必外求？

釋曉通

釋曉通，住越州石佛寺。爲青原下十二世，慧林本禪師法嗣。有偈一首如後：

冷似秋潭月，無心合太虛。
山高流水急，何處駐游魚？

這道偈與釋惟白偈異曲同工，禪意相近。

釋廣

釋廣，住襄州鳳凰山寺，稱乾明廣禪師，爲青原下十二世，法雲秀禪師法嗣。有偈一首如後：

日頭東畔出，月向西邊沒。
來去急如梭，催人成白骨。

山僧有一法，堪爲保命術。
生死不相干，打破精魂窟。

世界無常，輪迴流轉，生生死死，死死生生。看破生死，自然解脫。一入涅槃，即不生不滅，不垢不淨，不增不減也。

釋燈

釋燈，住舒州王屋山崇福寺，爲青原下十二世，棲賢遷禪師法嗣。有偈一首如後：

天不能蓋，地不能載。
一室無私，何處不在？

此四言偈詩乃說明佛是無形無相，無所不能，無所不在的。所有佛像，乃是順應眾生而塑。如執著色相，即不能見如來。金剛經一再提醒眾生。

釋迦牟尼佛也告須菩提曰：

「凡所有相，皆是虛妄。若見諸相非相，即見如來。」

釋燈此四言偈，是真禪詩，非故弄玄虛的啞謎。未開悟者，寫不出來。

梅澤

梅澤，字說之，吳郡（今江蘇蘇州）人。徽宗崇寧元年（一一〇二）爲官，行役陝西。宣和二年（一一二〇），以朝請大夫知歙州，四月到官，十月召還。有詩四首。以《行役述懷》二首之二最佳。詩如後：

明月一尊酒，清風萬卷書。
南山山下地，終欲卜休居。

前兩句十分具體，十個字寫出了神仙也羨慕的生活，歸田之意，溢於言表，非忸怩作態者可比。

周氏

周氏，徽宗時人，古田（今福建古田東北）妓。有詩二首、均佳。據《夷堅甲志》載：陳筑，字夢和，莆田人，崇寧初登第，爲福州古田尉，惑邑倡周氏。周能詩。其《贈陳夢和》七絕如後：

夢和殘月到樓西，月過樓西夢已迷。

喚起一聲腸斷處，落花枝上鷓鴣啼。

這首詩才情洋溢，是假道學氣、頭巾氣重的進士們哭也哭不出來的。她的第二首七絕《春晴》如後：

瞥然飛過誰家燕？驀地香來甚處花？
深院日長無個事，一瓶春水自煎茶。

前兩句是問句，三四兩句是自說自話，讀者卻如見其人，如聞其聲。如此才女，如此雅人，淪落爲「妓」，眞是造物弄人；後又與陳夢和作合歡紅綬帶，自經於南山極樂院。從者知之，共排闥救解，二人皆活。已而事敗，筑失官去，周至紹興初猶在。如就此二詩改寫爲小說，當更感人也。二十多年前我曾依據朱淑眞的《斷腸集》寫成小說《斷腸人》，發表於香港的《今日世界》，後於民國六十年由台灣學生書局結集出版。今老矣，想寫的東西更多。有心人不妨一試。

曾紆

曾紆（一〇七三—一一三五），字公袞，晚號空青先生，江西南豐人。布第四子。初以蔭爲承務郎。徽宗建中靖國元年，布爲二後山園陵使，辟爲從事。崇寧二年，入爲元祐黨籍，編管永州。會赦，調監南京、河南稅，改簽書寧國軍節度判官。歷通判鎮江府，知楚州、秀州。提舉京畿常平，江南東運轉運副使等。卒年六十二。有詩十首。以《北固樓》七絕、《和葉少蘊慈感蚌珠》爲佳。

據宋葛立方《韻語陽秋》卷一二載：大觀中，湖興郡有邵宗益者，剖蚌將食，中有珠現羅漢像，偏袒右肩，矯首左顧，衣紋畢具，僧俗創見，遂奉以歸慈感寺。葉夢得（少蘊）作《慈感蚌珠》七律一首，未錄。而曾紆《和葉少蘊慈感蚌珠》七律則遠勝葉詩，且富禪意，故錄如後：

不知一殼幾由旬，能納須彌不動尊。
疑是吳興清霅水，直通方廣古靈源；
月淪濁水圓明在，蓬出汙泥寶性存。
隱現去來初一致，莫將虛幻點空門。

北固樓

枕中雲氣千峰近，床底松聲萬壑哀。
要看銀山拍天浪，開窗放入大江來。

曾紆以大江的浪聲形容北固樓的千峰萬壑的雲氣松聲，不但生動，而且氣魄很大。「要看銀山拍天浪，開窗放入大江來。」眞是大詩人大手筆。其先曾鞏、曾布不如也。亦爲兩宋詩人中少有者。

徐存

徐存，字誠叟，號逸平，江山（今屬浙江）人。徽宗宣和從楊時學，既有得，講道於家，執經者前後千餘人，爲朱熹敬服。有《命卜》詩一首於後：

我命還須我自推，細微那更問著龜？
枯莖朽骨猶能兆，豈有靈台自不知？

醫、卜、星相、命理都是依據易經八卦、陰陽五行衍生出來的推究人生吉、凶、禍、福的學問，但歷代高人不多。眞正得道的道家，多已六通，無所不知，不以小神通或雕蟲小技炫人。徐存是否得道？此詩不足爲憑。朱熹只是研究理學，亦捨本逐末者，朱熹之「敬服」，不足爲異。但徐存的「豈有靈台不自知」語，足證他不是像周敦頤、朱熹等「光說不練」的「天橋把式」。「靈台」是道家修行的重要關竅。未得明師眞傳者不知。道家、佛家思想，必須修行「證悟」，才是眞知。否則始終是「門外漢」，玩弄文字、唬唬外行而已。

楊虔誠

楊虔誠，道士。徽宗崇寧三年（一一〇四），學道天寶山，因見天柱巖天燈，遂移居天杜。有詩七律一首如後：

身在層霄第幾峰？煙霞深處一巖空。
上方世界簷楹外，萬里山河指掌中；
蟾桂影交巖桂影，天燈紅映佛燈紅。
芒鞋竹杖登臨處，疑是蓬萊有路通。

如僅就詩論詩，這也是一首極佳的七律，不但對仗極爲工穩，而且句句意象生動，無一廢字、虛字，「上方世界簷楹外，萬里河山指掌中」。不但口氣大，且可見其修行層次相當高，且有所得，天眼已通。故其所見不止於地球這個小世界而已。

張伯昌

張伯昌，徽宗崇寧間知福清縣。有《靜軒》七絕一首，是難得的好詩。詩如後：

靈鷲峰寒碧玉堆，紅塵斷處小軒開。
忘言更覺諸緣盡，只有桃花點翠苔。

此首詩意禪意交織，而景在其中。「忘言更覺諸緣盡，只有桃花點翠苔」。盡而未盡，如餘音繞樑。

楊灝

楊灝，彭山（今屬四川）人。椿父。有《呈郡寮》三首，第三首七律韻味深長。

寒煙淡淡水茫茫，六代繞如一夢長。
風月何嘗異今古？江山不管有興亡；
豪華往事人安在？歌舞台傾徑就荒。
陳跡依然無處問，野花芳草自芬芳。

林靈素

林靈素（一〇七五—一一一九），字通叟，浙江溫州人。為道士，善妖幻，以方術得事徽宗，賜號通眞達靈先生，加號元妙先生，金門羽客。惑眾僭妄，眾皆怒之。在京四年，恣橫不悛，斥還故里。宣和元年卒，年四十五。有詩五首。

呂洞賓

捻土為香事有因，世間宜假不宜眞。
洞賓卻識林靈素，靈素何嘗識洞賓？

據《湖海新聞夷堅續志》載：忽京師傳呂洞賓訪林靈素，遂捻土燒香，氣直至禁中。上急乘小車至宮，見壁間有新題云云，上由是愈加敬愛。

佛道中人有神通者，不足爲奇。帝王好此道者，多別有用心。一旦走火入魔，其禍不輕。如翰林學士、兵部侍郎、詞人詩人王寀，因病迷惑亦好神仙道術，於徽宗重和元年爲林靈素所陷，下獄棄市，即其一端。以後徽宗之爲臣虜，亦未必與其好方術無關。物必自腐，而後蟲生。如以林靈素的《無題詩》而言，則非「妖道」，且頗有正義感。詩如後：

蘇黃不作文章客，童蔡翻爲社稷臣。
三十年來無定論，不知奸黨是何人？

據《萬姓統譜》載：林靈素以方術得幸徽宗。一日侍宴，見元祐黨人碑而稽首，上怪問之，對曰：「碑上姓名皆天上星宿，臣敢不稽首？」因爲詩云云。

元祐黨籍雖是政活鬥爭，也是文字獄，蘇東坡、黃庭堅、秦少游等均被牽連，蘇東坡幾死，且一貶黃州，再貶惠州，三貶儋州，終至客死常州，凡與蘇東坡交遊者無不波及。林靈素見元祐黨人碑稽首，且作此七絕，直指童貫蔡京反爲社稷之臣，而蘇黃等則以文章流放之不當。「三十年來無定論，不知奸黨是何人」？這是一種大膽的抗議，亦是詩諫。究竟是林靈素爲「妖道」，或是徽宗借林靈素剪除王寀等人？大可斟酌。因王寀不但是詩人、詞人，而且是兵部侍郎。蔡京則是奸相權臣。趙宋之亡，在於用小人、害忠臣，故臣非亡國之臣，君乃亡國之君也。先有利用周敦頤之理學，包藏禍心，元祐黨籍實乃文字獄；繼而有徽宗時之林靈素導致王宋的下獄棄市；後有高宗時屢敗金兵之曲端以莫須有的罪名而屈死獄中。岳飛更是大敗金兵於朱仙鎮，反於高宗紹興十一年（一一〇三）被殺，而稱臣納貢於金人。如此自毀長城，不亡何待？

蜀僧

蜀僧，失名。欽宗靖康初，曾遊方過長沙。有《題東明寺》詩，是對蔡京的諷刺，可見公道自在人心。據宋費袞《梁溪漫志》載：蔡元長南遷，道出長沙，卒於城南五里東明寺，遂草殯於寺之觀音殿後。有蜀僧遊方過之，慨然，因題詩如壁。詩如後：

三十年前鎮益州，紫泥丹詔鳳池遊。
大鈞播物心難一，六印懸腰老未休；
佐主不能如傅說，知幾那得似留侯？
功名富貴今何在？寂寂招提一土丘！

這首七律可以和林靈素的七絕《無題詩》對照來看，一僧一道，亦見人心。

崔羽

崔羽號紫霞眞人，唐州（今河南唐縣）人。少隸京師班直，後休官學道。高宗紹興初遊羅浮，時已老。居東莞上清觀，一日坐化。有詩三首，第二首《示黎如璋丹訣》，則爲傳授道家修持方法。詩如後：

丹即筌蹄道即魚，忘筌得道證空虛。
莫堅守抱無爲一，撲碎空虛一也無；
妙有靈丹常赫赫，含容法界自如如。
隨緣應感長清靜，九載金剛不壞軀。

「要訣」者，以筌與魚作比方，「忘筌得魚證空虛」是得道初階，「抱元守一」是修持要領，「撲碎空虛一也無」，是更進一步，此與佛家的說法「萬法皆空」是同樣的道理。一到如此地步，即是金仙如來境界。「隨緣應感長清淨」，是佛道兩家都同樣重視的，佛家講戒定慧，不靜則不能定，不定智慧不生。至於「九載金剛不壞軀。」則因人而異。如有宿緣宿慧者，則得道較快。如禪宗六祖慧能一聞人誦金剛經當下開悟、而神秀修行多年，學問又好，卻遲遲未悟。學佛如此，學道亦如此。從崔羽這首詩看，不但詩好，且已得道也。

陳公輔

陳公輔（一〇七七—一一四二），字國佐，自號定庵居士，浙江臨海人。徽宗政和三年上舍及第調平江府教授。累遷應天府少尹，除秘書郎。欽宗靖康初，除右司諫。語觸時宰，斥監台州稅。高宗即位，除左司員外郎。紹興六年，爲左司諫。七年，遷禮部侍郎，尋知處州。十二年，提舉江州太平觀。卒，年六十六。有詩二十四首。兩首甚佳。

遊普慶院

滿目雲煙萬疊山，梵宮深鎖翠微間。
市朝多少紛紛客，輸卻僧家一味閒。

靜明寺閱藏經

三載功夫一藏經，非禪非道亦非僧。
但憑方寸行諸善，也是如來最上乘。

第一首一二兩句是寫景，三、四兩句則指市朝人士忙忙碌碌，不如僧人清閒。其實不然，和尚尼姑除日常功課外，仍多雜務，出家人之清苦，不可等閒視之。

第二首三、四兩句更非那麼簡單。行善、慈悲爲懷是修行的起點，要得道成佛談何容易?更何況是「如來最上乘」?釋迦牟尼十九歲離家，先在尼連禪河東岸正覺山上苦修了六年，僅日食一麥一麻，形軀憔瘁，如同枯木一般。後來又到了佛陀迦耶地方，畢波羅樹下，靜坐冥想，修到三十五歲才得道，共苦修了十六年。釋迦牟尼尚且如此，何況一般凡夫俗子?

釋紹隆

釋紹隆（一〇七七—一一三六），安徽和州含山人。九歲出家，十五歲削髮，二十歲遇長蘆淨照禪師，復謁寶峰湛堂準禪師，黃龍死心禪師，得法於圓悟先勤禪師。初住和州開聖禪院，後主彰教寺，遷往平江府虎丘寺。爲南嶽下十五世。高宗紹興六年卒，年六十。有詩三十二首。以《朱槿花》七絕最佳。詩如後：

朱槿移栽釋梵中，老僧非是愛花紅。
朝開暮落關何事？祇要人知色是空。

寓禪於花，隨機敎化，用心亦苦，出口都十分自然。

崔婆

崔婆（一〇七七—一一四八），淄州（今山東瑠博西南）人。宜義郎東平梁元明乳母，從主母虔誠奉佛。高宗紹興十八年卒，年七十二。有《臨終偈》一首，顯已預知將昇淨土也。詩如後：

西方一路好修行，上無條嶺下無坑。

去時不用著鞋襪，腳踏蓮花步步行。

乳母能詩，極爲難得。最後一句「腳踏蓮花步步行」之「行」字，如改爲「輕」字，不但可避免與首句「修行」之「行」字重複，更符合昇天之「飄逸」。且靈體非肉體，無重量，無障礙，改「輕」較「行」爲佳。但「輕」尚不足以形容「無重量」與「超光速」、惟無更適當韻字可用，只好點到爲止。

趙遹

趙遹，河南開封人。徽宗大觀初，以發運司勾當公事爲梓州路轉運判官，遷轉運副使，尋爲正使。政和五年（一一一五），爲熙河蘭湟經略安撫使，入對，賜上舍出身、拜兵部尚書。與童貫不合，六年，出知成德軍，以疾提出嵩山崇福宮。起知中山、順昌府。金人舉兵，召赴京師、尋卒，有詩一首兩句，僅七絕《萬松岭》一首，即可見其風雅。詩如後：

清溪狹徑小橋東，風入桃花處處同。
我爲日長無一事，偶然來此聽松風。

劉氏

劉氏，莆陽（今福建莆田）人。南宋初年已五十。有詩五首。

重遊西湖

西湖湖上山如畫，二十年前曾客來。
飛絮蒲城歸未得，江南老卻賀方回。

詩二首之二

囊無金纍貧如故，鏡有絲生老奈何？
一事尚堪誇北客，來時詩少去時多。

女人怕老，兩詩均提老。第一首所提之賀方回，可能與她相識，但賀詩不如她。第二首三、四兩句甚雅。趙宋南渡臨安，北方從者必衆，故有「一事尚堪誇北客」之句。何事堪誇？「來時詩少去時多」也。

楊密

楊密，字景山，四川青神人，哲宗元符三年曾與黃庭堅相聚。徽宗大觀元年，知仙居縣。有詩三首，兩首較佳。

福應山二之一

清風送月上欄干，雲雨溪流破玉寒。

我有三峰高興在，漫堂聊作畫屏看。

南峰桃花洞

水縛山腰點萬松，雲扶翠岫插寒空。
此溪定入桃源去，時見波間有落紅。

兩詩寫景均佳。

綦革

綦革，北海（今山東維坊）人。崇禮族兄，徽宗大觀中遁世修眞。有《贈故人》預言詩一首。預言準確，詩亦佳。詩如後：

三月楊花滿路飛，金人遊騎拍鞍歸。
高天二聖猶難保，誰道雄關是可依？

據宋何薳《春渚紀聞》載：宣和乙巳（七年），故人陳某調雄州兵曹，聞金人犯邊，意未敢往。乃詣密叩去留之事。因書一絕與之云云。陳解其意，遂輟行李。主明年丙午三月，二聖北狩被擄，始知革有前知之見。

詩中所指時序景物「三月楊花滿路飛」，在台灣難見，在大陸則爲時令景物。金兵擄徽欽二帝，已成歷史。佛道中修行有成者均有「先見之明」，但多「密而不宣」，綦革乃應故人陳某之請，不得不以詩暗示也。

季季

季季，姓名不詳，徽宗大觀二年（一一〇八），有題上元縣《祈澤寺》詩一首如後：

虛窗雲暗青燈小，松檜無風春悄悄。
子規枝上叫夢回，清磬一聲山月曉。

這首寫景詩由於名詞形容詞交互運用之巧妙，自然產生了奇妙生動的意象美。韻腳配合亦妙，幾入化境。

宇文虛中

宇文虛中（一〇七九—一一四五）原名黃中，字叔通，別號龍溪老人，華陽（今四川成都）人。徽宗大觀三年（一一〇九）進士，政和五年（一一一五），除起居舍人、國史館編修官，六年遷中書舍人，出爲河北河東陝西宣撫使司參謀事。宣和間帥慶陽，尋罷知亳州。宣和末爲翰林學士，多次奉使至金軍營談判。高宗建炎二年，以祈請使使金，被留，後仕金爲翰林學士承旨。紹興十五年、因以蠟書與宋通消息，並謀奪兵伙南奔被察覺，全家被害。

年六十七，有詩一卷。

虜中作三之一

滿腹詩書漫古今，頻年流落易傷心。
南冠終日囚軍府，北雁何時到上林？
開口摧頽官抱璞，脅肩奔走尚腰金。
莫邪利劍今安在？不斬姦邪恨最深！

這是寫他作人質心情的詩，「身在曹營心在漢」。此時秦檜、張浚先後爲相，奸權當道，作者悲憤塡膺，情見乎詩。

予寫金剛經與王正道正道與朱少章復以詩來輒次二公韻

前世曾爲飯粥僧，此生且處隨騰騰。
經中因認人我相，教外都忘大小乘；
寫去欲云居十頌，信來如續祖師燈。
他年辱贈茅庵句，誰謂因緣昔未曾？

此詩可見作者泙通佛理，詩亦佳。

韓駒

韓駒（一〇八〇—一一三五），字子蒼，蜀山中監（今四川仁壽）人，早年從蘇轍學。徽宗政和初以獻賦召試舍人院，賜進士出身，除秘書省正字。旋因曾爲蘇氏學，謫監蒲城市易務，遷知分寧縣，召爲著作郎，宣和五年，除秘書少監，六年，遷中書舍人兼修國史，擢權直學士院。欽宗靖康元年，由知應天府移知黃州，尋又因蘇氏學提舉江州太平觀。高宗即位，知江州。紹興五年卒於撫州。年五十六，有詩五卷，兩首較佳。

醉中走筆留別楊將軍

山西老將尚童顏，曾臂紅旗到賀蘭。
今日尊前惆悵別，梨花風雨一枝寒。

賦曲江禁柳

照水纖柯拂地明，東風初試舞腰輕。
人間豈識長門恨，霧鬢煙鬟綰不成。

前首寫人，以景爲襯；後首寫景，以人比擬，均佳。

李邦獻

李邦獻，字士舉，懷州（今河南沁陽）人，邦彥弟，高宗紹興三年爲夔州路安撫司幹辦公事。四年，通判長寧軍。二十六年知撫州，遷荊湖南路轉運判官，兩浙江西轉運副使。孝宗乾道二年知恭州。有詩五首。以《仁壽堂古梅》爲佳。詩如後：

手種黃梅已看花，此身依舊在天涯。
三年客罷攜家去，贏得東風兩鬢華。

劉一止

劉一止（一〇八〇—一一六一），字行簡，號太簡居士，浙江湖州人。徽宗宣和三年進士，高宗紹興間，歷秘書省校書郎，監察御使、起居郎、以言事罷，主管台州崇道觀，起知袁州，改浙東路提點刑獄。召爲中寺舍人兼侍講，遷給事中，又以言事罷，提舉江州太平觀。一止以忤秦檜，兩次奉祠，秦檜死，以敷文閣直學士致仕。紹興三十年十二月卒，年八十二。有詩七首，以《宿長城西溪題僧舍》七絕最富詩意。詩如後：

西溪一夜枕潺湲，曉上樓頭更細看。

欲攬青山入懷袖，卻愁煙雨濕衣寒。

王庭珪

王庭珪（一〇八〇—一一七二），字民瞻，自號盧溪真隱，吉州安福（今屬江西）人，徽宗政和八年進士，調衡州茶陵縣丞。宣和末年，退居鄉里。高宗紹興十二年，胡銓上疏斥秦檜，貶嶺南，庭珪獨以詩送之，後以此於十九年除名編管辰州。二十五年秦檜死，許自便。孝宗隆興元年，召對，改左承事郎，除國子監主簿、以年老力辭，主管台州崇道觀。乾道六年，再召見。七年，至闕，除直敷文閣，領祠如故。八年卒，年九十三。有詩二十六卷。

從叔君冕見訪山間自云平生躬耕釣無求於人中有至樂令某作詩寫其蕭散之狀爲賦此篇

青鞋布襪綠蓑衣，滿目秋江白鳥飛。
小楫扁舟乘興出，斜風細雨釣魚歸；
有間茅屋臨蒼巘，尋個樵夫上翠微。
閒乘牧童吹短笛，倒騎牛背入柴扉。

此詩寫漁樵生活瀟灑之至，無以復加。如見其景，如見其人。亦作者自況也。無此襟懷，則無此詩。

遊玩陵劉道人菴中唯一禪椅不置一榻云不睡四十年矣戲作二絕

一菴茅屋白雲深，坐待丹砂欲變金。
誰住菴中人不睡？滿池春水聽龍吟。

次韻陳君授暮春感懷

雨餘山鳥百般啼，煙隔桃蹊一線微。
南北東西春總好，杜鵑何苦勸人歸？

此詩一二兩句寫景好，三四兩句有詩味、禪味。隨緣即自在也。

尋小舟東下忽見巨艦有作

本是蓬來漁釣客，飄如行腳水雲僧。
誰家巨艦和州載，笑我扁舟一葉輕。

贈寫眞胡生二絕句

欲貌盧溪眞面目，非儒非佛亦非仙。
莫將踏碓盧行者，喚作騎驢孟浩然。

誤著儒衣到骨窮，兒童拍手笑衰翁。
釣魚艇子今無恙，置我五湖煙雨中。

作者以詩得罪秦檜，除名編管湘西辰州，又自號「盧溪眞隱」。宋時盧溪辰州爲蠻荒之地，抗日戰爭初期，我受軍官養成教育，歷經湘西盧溪、辰州、川、黔邊區，徒步兩千公里，仍然人煙稀少，困苦不堪。王庭珪困此蠻荒七八年，不隱亦隱。此詩雖爲贈人，實夫子自道也。其能克享高齡九十三歲，非淡泊自甘，有過人涵養者，談何容易？

贈相士

富貴本非吾輩事，老來寧復問窮通？
餘齡幾許君知否？願作昇平一老翁。

王庭珪身處南宋末年亂世，國家亡在旦夕，而又昏君奸臣當道，自己又衰朽餘年，自然富貴無心，但願昇平終老。人同此心，心同此理，非無病呻吟者可同日而語也。

湖頭觀桃李

路轉煙村萬木春，村深疑有避秦人。
山農出谷驚相問，不信邊頭有戰塵。

王庭珪這首詩也是寫實之作。此時金兵應已渡江，但湘西荒僻，與世隔絕，山農自然不信有戰爭，當年我行役川、湘、黔邊區，日機不到，山農亦不知中日戰爭實況，日出而作，日入而息，一切如常，自無亡國之憂也。

朱敦儒

朱敦儒（一〇八一—一一五九），字希眞，號巖壑，河南洛陽人，欽宗靖康初召授學官，辭歸。高宗建炎二年，再召不就。紹興三年，再補迪功郎。五年，賜進士出身。守秘書省正字，六年，兼權兵部郎中，通判臨安府。八年，爲樞密行府諮議參軍。十四年，提點兩浙東路行刑獄，十六年罷，十九年致仕。二十五年，因秦檜推挽，起除鴻臚少卿，檜死依舊致仕。二十九年，卒於秀州，年七十九。有詩九首，其《憶舊》一首，我亦有同感。詩如後：

早年京洛識前輩，晚景江湖無故人。
難與兒童談舊事，夜攀庭樹數星辰。

尤以三、四兩句，令人感慨更深。早年與兒女談抗日戰爭事，如「雞同鴨講」。如今四孫，一半生爲美國人，夫復何言？

石懋

石懋，字敏若，自號橘林，安徽蕪湖人。弱冠登哲宗元符三年進士，徽宗崇寧中再舉博學鴻詞科，爲密州教授。宣和間，因斥閹臣梁師臣，被排擠，卒年三十四。有詩十二首，其《楊花詩》三、四兩句，甚爲感人。詩如後：

來時萬縷弄輕黃，去日飛球滿路旁。
我比楊花更飄蕩，楊花只是一春忙。

李清照

李清照（一〇八四—一一五五？），山東濟南人。號易安居士。格非之女，趙明誠妻。（格非熙寧九年進士，有文名。因不肯與編元祐章奏，入黨籍）著有《漱玉集》。《全宋詞》收其詞四十七闋。詞多於詩。《李清照集》中亦僅有詩十五首與殘句。但詩不如詞，錄其七絕二首如後。

題八詠樓

千古風流八詠樓，江山留與後人愁。
水通南國三千里，氣壓江城十四州。

春殘

春殘何事苦思鄉？病裏梳頭恨最長。
梁燕語多終日在，薔薇風細一簾香。

前詩作於金華，只是半首七律，美中不足。《春殘》甚佳，第四句屬詞語，婉約工緻。

朱淑真

朱淑眞，浙江海寧人，自稱幽棲居士。據魏仲恭《斷腸集》序，謂朱「早歲不幸，父母失審，不能擇伉儷，乃嫁爲市井民妻，一生抑鬱不得志，故詩中多有憂愁怨恨語。每臨風對月，觸目傷懷，皆寓於詩，以寫其胸中不平之氣，竟無知音，悒悒抱恨而終。」但淑眞生而有幸，得識曾布夫人魏氏，後又有魏端禮輯其作品爲《斷腸集》。雖「並其詩爲父母焚之，今所傳者百不存一。」但此百分之一，已足使朱淑眞永垂不朽矣。

朱淑眞《斷腸集》有詩三百首，詞三十闋。朱淑眞詩詞俱佳，詩更勝於李清照。美不勝收。

愁懷二首

鷗鷺鴛鴦作一池，須知羽翼不相宜。
東君不與花爲主，何似休生連理枝。

滿眼春光色色新，花紅柳綠總關情。
欲將鬱結心頭事，付與黃鸝叫幾聲！

無寐

背彈珠淚暗傷神，挑盡寒燈睡不成。
卸卻鳳釵尋睡去，上床開眼到天明。

清瘦

春花秋月若浮漚，怎得心如不繫舟？
肌骨大都無一把，何堪更駕許多愁？

悶懷二首

黃昏院落雨瀟瀟，獨對孤燈恨氣高。
針線懶拈腸自斷，梧桐葉葉剪風刀。

秋雨沉沉滴夜長，夢難成處轉淒涼。
芭蕉葉上梧桐裡，點點聲聲有斷腸。

秋夜有感

哭損雙眸斷盡腸，怕黃昏後到昏黃。
更堪細雨新秋夜，一點殘燈伴夜長。

羞燕

停鍼無語淚凝眸，不但傷春夏亦愁。

花外飛来雙燕子，一番飛過一番羞。

朱淑眞不但斷腸詩扣人心弦，令人一掬同情之淚，可謂千古絕唱，其他題材詩亦無一不佳。如：

會魏夫人席上，命小鬟妙舞；曲終求詩於予，以飛雪滿群山爲韻，作五絕飛字韻。

管絃催上錦裀時，體段輕盈祇欲飛。
若使明皇當日見，阿蠻無計況楊妃？

這是即席賦詩，可見其捷才，用典又十分自然允當，天衣無縫，不著半點痕跡。

自責

悶無消遣只看詩，又見詩中話別離。
添得情懷轉蕭索，始知伶俐不如痴。

這種自省自責，又見理智。而「始知伶俐不如痴」，眞是名句。平心而論，朱淑眞才情，更在李清照之上。一人可敵萬軍，唐人仕女亦無此奇才。

陸游

陸游（一一二五—一二一〇），字務觀，號放翁。山陰（今浙江紹興）人，紹興二十三年試禮部，名列前茅，因觸怒秦檜被黜免。孝宗時賜進士出身，爲州別駕。范成大帥蜀時爲參議官。嘉泰初，詔同修國史，升寶章閣待制。後屢被劾去職，歸老故鄉。嘉定二年卒，年八十五。有詩九千餘首。古體、絕律俱佳。詞堪稱一代宗師，我在《全唐宋詞尋幽探微》後曾附《鷓鴣天》二闋，其一如後：

唐宋詩詞萬古留，李家父子亦千秋。雙嬌絕代稱朱李，一代宗師有陸游。
蘇東坡、歐陽修，各領風騷百尺樓。武穆更兼汪元量，道盡臨安萬事休。

清人梁啟超《讀陸放翁集》詩更云：「詩界千年靡靡風，兵魂銷盡國魂空。集中十九從軍樂，亘古男兒一放翁」。

陸放翁詩不但量多，少出其右，好詩亦多，愛國之情更溢於言表，較杜甫有過之而無不及。其《書憤》與《示兒》兩詩，最足以代表其愛國情操。

書憤

早歲那知世事難，中原北望氣如山。
樓船夜雪瓜州渡，鐵馬秋風大散關；
塞上長城空自許，鏡中衰鬢已先斑。
出師一表眞名世，千載誰堪伯仲間？

示兒

死去原知萬事空，但悲不見九州同！

王師北定中原日，家祭毋忘告乃翁！

這兩首絕律不但可振「詩界千年靡靡風」，更足使全宋進士詩人揚眉吐氣。陸放翁是中華民族的「詩魂」。

一位眞正的偉大詩人作家，不但具有赤忱的愛國心，悲天憫人心，同時更有兒女情懷與高雅氣質。陸放翁婚姻的挫折，感情的折磨，可於令人迴腸盪氣的《釵頭鳳》詞中見之。而其詩人情懷高雅氣質則在《劍門道中遇微雨》七絕中表露無遺。詩如後：

衣上征塵雜酒痕，遠遊無處不消魂。
此身合是詩人未？細雨騎驢入劍門。

「細雨騎驢入劍門」，形象多麼鮮活生動？詩意多麼瀟灑？陸游的壽高於杜甫，作品更多於杜甫，如以詩詞合計，唐宋詩人無出其右。陸游的生活經驗之豐富，閱歷之深，見識之廣，亦非杜甫能及，其胸襟之開闊，氣魄之大，亦在杜甫之上。

范成大

范成大（一一二六—一一九三），平江（今江蘇蘇州）人。字致能，自號石湖居士。紹興二十四年（一一五四）進士。歷知處州、靜江府兼廣南西道安撫使、四川制置使、參知政事。並曾冒死使金，全節而歸。與陸游、楊萬里、尤袤並稱南宋四大家。詩以《夏日田園雜興》最爲讀者熟知，錄其二首如後：

晝出耕耘夜績麻，村莊兒女各當家。
童孫未解供耕織，也傍桑陰學種瓜。

另一首七絕《州橋》，則寫汴京淪陷之後，父老盼望王師的沈痛心情，這是他使金時的目擊情況，可作史詩看。詩如後：

州橋南北是天街，父老年年等駕回。
忍淚失聲詢使者，幾時眞有六軍來？

楊萬里

楊萬里（一一二七—一二〇六），字廷秀，號誠齋。江西吉水人。紹興二十四年進士。歷任太常博士、太子侍讀、祕書監。著有《誠齋集》，詩初學江西派，後稱誠齋體。其最爲人熟知者爲《曉出淨慈寺送林子方》七絕。詩如後：

畢竟西湖六月中，風光不與四時同。
接天蓮葉無窮碧，映日荷花別樣紅。

另一首七絕《小池》亦爲寫景詩，三、四句更妙筆生花。詩如後：

泉眼無聲惜細流，樹陰照水愛晴柔。

小荷才露尖尖角，早有蜻蜓立上頭。

朱熹

朱熹（一一三〇—一二〇〇），字元晦，一字仲晦，號晦庵，別稱紫陽，婺源（今屬江西）人。紹興十八年進士。歷知南康軍、秘閣修撰、寶文閣待制、南宋理學家。詩多理學氣，唯理學非易學之本。以之作詩，難上最高層。其詩選入《千家詩》者有《春日》七絕，詩如後：

勝日尋芳泗水濱，無邊光景一時新。
等閒識得東風面，萬紫千紅總是春。

朱熹生長江南，一一二九年金人已連陷南京、臨安，高宗航海走，金人鐵蹄已遍大江南北，他自己又多在江南講學。此詩以山東泗水爲地理背景，看來他顯然没有去過泗水，所以這首詩十分空洞，二、三、四句都是不實的形容，是打高空的寫法，不著邊際，毫無景點特色，也看不出作者的個性。如果他不用「勝日尋芳泗水濱」這一特殊景點還好，這一用就完全落空了，八竿子都打不到泗水濱。這也是搞理學的通病。所以他的《春日》比楊萬里的《小池》差得太遠，楊萬里的「小荷才露尖尖角，早有蜻蜓立上頭」。多麼生動、具體、傳神？而楊萬里又只用《小池》作主題，這就無懈可擊。而朱熹偏偏要用「泗水濱」這個大景點，又用「春日」這個大題目，所以連他自己也迷失了！更糟的是也模糊了談者的視線、觀點。畢竟對易經、道德經有體認、判斷能力的人並不太多，而理學之弊則正如朱熹這首詩，似是而非；再加上野心家以非爲是的利用，便可以假亂眞了。直到八國聯軍占領北京，中國文化便徹底瓦解，很難收拾。想想我們付出了多大的代價？如僅以詩論詩，朱熹的《春日》比陸游的那首《劍門道中遇微雨》，相去更不可以道里計。從陸游的那首詩我們可以看出陸遊是「衣上征塵雜酒痕，遠遊無處不消魂。」他是紹興人，去劍門自然是「遠游」。他還要自問「此身合是詩人未？」而又「細雨騎驢入劍門。」陸游的整個形象、心理都和盤托出，這才是有血有肉而又詩意高雅、意象生動的作品。他的《示兒》詩更是首先說明「死去原知萬事空」，但是他還有一樁心事未了，即：「但悲不見九州同！」，因此他特別囑咐兒子：「王師北定中原日，家祭毋忘告乃翁！」這樣一位活生生的愛國詩人，與尋章摘句，捨本逐末、「勝日尋芳泗水濱，無邊光景一時新……」的所謂「理學家」朱熹之流的價值判斷，我們眞應該重新思考、重新定位了！

姜夔

姜夔（一一五五—一二二〇），字堯章，自號白石道人，江西鄱陽（今波陽）人。布衣終老於杭州。著有《白石詩集》，詞五卷。錄其《除夜自石湖歸苕溪》七絕於後：

細草穿沙雪半銷，吳宮煙冷水迢迢。
梅花竹裡無人見，一夜吹香過石橋。

石湖在蘇州西南吳縣與吳江之間，這也是一首寫景但具體而生動的好詩，與朱熹的《春日》也大不相同，其首句「細草穿沙雪半絹」，不但點出了除夕冬景，而且看出「細草穿沙」，「雪」已「半銷」，可見作者觀察入微。「吳宮煙冷水迢迢」。又說明了吳王宮殿已經冷落了！第三句提到梅花，但梅在何處？他又指出是在竹林裡無人看見。既然看不見，怎麼知道竹林裡有梅花呢？第四句就是很好的答案：「一夜吹香過石橋。」梅花是很香的，除夕又開的正是時候，他經過「石橋」（不是木橋），聞到風吹過來的梅花香味，交代十分清楚。這和朱熹寫《春日》的「泗水濱」又完全不同。姜夔也寫得十分生動具體，朱熹則是「隔靴搔癢」，似是而非。這也是「理學」與「易學」、道學的分野與間隔。但一般人很容易被矇混過去。

戴復古

戴復古（一一八七—？）字式之，號石屏，浙江黃岩人。布衣終老。有《石屏詩集》、《石屏詞》、詩學陸游，並受晚唐影響，錄其《淮村兵後》一首如後：

小桃無主自開花，煙草茫茫帶曉鴉。

幾處敗垣圍故井，向來一一是人家。

江淮一帶，是南宋與金兵對峙之區。這首詩寫出了戰區破敗景象。開頭就寫出「小桃無主自開花」，是最經濟而又富有象徵意義的好手法。第二句「煙草茫茫帶曉鴉」，更加強了「荒涼」之感。第三、四兩句點出「敗垣」、「故井」之處，「向來一一是人家」，比「田園寥落干戈後」更深刻、具體。此非無病呻吟或「想當然耳」之作。朱熹的「春日」才是「想當然耳」之作，故兩詩更不能相比。「淮村兵後」可當史詩讀。

文天祥

文天祥（一二三六—一二八三），初名雲孫，字天祥，後改字宋瑞，一字履善，號文山，江西吉安人。寶祐四年（一二五六）進士第一。歷官至右丞相兼樞密使。德祐初奉使軍前被拘，亡入眞州，泛海至溫州，拜右丞相，以都督出江西，兵敗被執。囚於大都（今北京）四年，不爲威逼利誘，終被害於柴市。時至元十九年（一二八二），年四十七。有《文山全集》。其《正氣歌》最爲人熟知，眞是浩然正氣充天地，一片丹心泣鬼神。而《過零丁洋》與《金陵驛》兩首七律亦可見其憂時憂國與孤臣孽子之心。

過零丁洋

辛苦遭逢起一經，干戈寥落四周星。

山河破碎風拋絮，身世浮沉雨打萍；
惶恐灘頭說惶恐，零丁洋裡嘆零丁。
人生自古誰無死，留取丹心照汗青。

文天祥由明經入仕，進士第一。因勤王孤軍奮戰，獨木難支。曾兵敗惶恐灘頭，孤苦零丁。此詩約作於被俘後第二年。

金陵驛

草合離宮轉夕暉，孤零飄泊復何依？
山河風景原無異，城廓人民半已非；
滿地蘆花和我老，舊家燕子傍誰飛？
從今別卻江南路，化作啼鵑帶血歸。

這首詩是文天祥於祥興元年（一二七八）兵敗海豐在五嶺坡被俘，次年被押北上，途經金陵在驛所作的二首七律之一。高宗建炎三年（一一二九）五月曾駐建康府（即金陵），有行宮。此時這所「離宮」在夕陽荒草中，文天祥更感到「孤零飄泊復何依？」了。以下兩聯都是今昔對比的寫法，七八兩句則是他個人的感慨。文天祥是南宋滅亡的歷史證人，他自己未能力挽狂瀾，而以身殉國，保留了一分民族正氣。他是道地的儒家思想，成仁取義的典範人物。不像朱熹游走在儒、道之間，既非眞正的儒家、更非眞正的道家。他沒有孔子的「知之爲知之，不知爲不知。」的良知，更沒有老子的「和光同塵」、「生而不有、爲而不恃、長而不宰。」的虛懷若谷，也不了解「無爲」的眞諦，他倒是學會了孔子「講學」的教育手段，達到了他也吃冷豬肉的目的。但孔子講的還是他自己的「以人爲本」的儒學，而朱熹講的卻是「儒道雜燴」，他又集註四書，這更加強了他的「學術思想地位」，影響深遠。趙宋之亡，與帝王之利用理學、哲宗羅織元祐黨人、以至徽宗建「黨人碑」、高宗之重用小人、殘害忠臣，均息息相關。蘇門四學士及與東坡稍有來往者之貶謫，曲端之冤死，岳飛之被害，其來有自，其患無窮。連宋詩亦多假道學氣。陸游、文天祥等是例外，他們都是眞儒家，不是假道學；陳摶、邵康節、張繼先等是眞道家；釋善清、釋道全等都是釋家；而一些隱士、處士以及青樓、閨閣中女子，則無假道家氣、頭巾氣，且多爲佛道雙研、雙修者，故能出塵脫俗。而大詩人文彥博、歐陽修等，則兼通佛道思想，其人其詩，均甚圓通。由於老子主張「無爲」和「生而不有、爲而不恃、長而不宰。」與釋迦牟尼的「無人相、無我相、無衆生相、無壽者相」的思想息息相通，在修爲上又是「爲無爲」，因此他們都能「無不爲矣」，而達到「天人合一」」、與宇宙同一體、衆生同一體的境界，而無所不在、無所不能。因此他們的「宇宙觀」完全一致，也因此佛道中高人的思想也十分接近。如寒山子的詩一般人便很難分出他是佛家還是道家？而六祖惠能的《六祖壇經》的《付囑品》第十就大講老子的「相對論」。如：

「法相語言十二對。語與法對，有色與無色對，有相與無相對，有漏與無漏對，色與空對，動與靜對，清與濁對，凡與聖對，僧與俗對，老與少對，大與小對，此十二對也。」這是惠能囑咐十大門人法海、志誠、法遠、神會……等修持、弘法的眞言。禪宗到六祖惠能已發展到最高峰而達到圓融、圓明境界。其所以如此，就是融會了老子的道家思想。豐干大師說：「寒山文殊，拾得普賢。」可見寒山拾得都是菩薩、如來，而寒山有一首詩卻說：

欲得安身處，寒山可長保。微風吹幽松，近聽聲愈好。
下有斑白人，喃喃讀黃老。十年歸不得，忘卻來時道。

「下有斑白人，喃喃讀黃老」者是誰？這人就是寒山子。黃帝，老子是中國道家文化的代表人物，老子詮釋易經精確無比，精髓盡出。因爲老子完全明白宇宙自然法則，而且了解宇宙形成發展的層次。宋朝「理學家」周敦頤、程氏兄弟，朱熹懂嗎？他們是在「瞎子摸象」。但邵雍比他們懂得多，而且晚年也學佛，但趙宋子孫卻不給他吃冷豬肉。而以摸「象」的周敦頤等配祀孔子。這就是以假亂眞以遂其萬世一系的「家天下」的想法。而周敦頤和趙宋子孫都不懂「凡所有相（相與象通）皆是虛妄」。邵雍則有先見之明，所以他始終不應召出仕。結果如何呢？漢武帝都沒有達到「家天下」萬世系的目的，何況等而下的趙宋子孫？他們不但枉費心機，元祐黨人事件，更嚴重傷害了蘇東坡等一大批入「黨人碑」者的文學生命。名士氣、才子氣重的蘇東坡，晚年流放儋州監管時，也只好和和陶詩，並與其被貶雷州的弟弟蘇轍唱和。當時我讀他和陶詩與蘇轍唱和詩時覺得頗不以爲然，因爲那些詩並不好，也多是無病呻吟，後來發現黃庭堅、秦少游、張來等蘇門四學士乃至和蘇東坡稍有交往的人都受牽連而貶謫，才恍然大悟元祐黨人事件是「烏台詩案」的延續，和他和陶詩的苦衷。而鄒浩等卻寫那些思念「聖主」的詩了，這還能寫出什麼好詩來？

到了南宋末年，才有陸放翁、文天祥這兩位眞正愛國的熱血男兒的《書憤》、《示兒》、《過零丁洋》、《正氣歌》出現，但爲時太晚、獨木難支，文天祥只好爲國家賠上性命了。但朱熹除了大講理學之外，就只能寫「勝日尋芳泗時水滂，無邊光景一時新。等閒識得春風面，萬紫千紅總是春。」這種不痛不癢，不著邊際的詩了。這種詩既不能保住趙宋江山，也不能增宋詩的光彩。延續宋詩生命、注入宋詩活力、提高宋詩思想境界的，卻是方外人、閨閣、青樓女子，注入宋詩活力的則是熱血男兒陸放翁、文天祥等。使北宋早期詩人文彥博、歐陽修等先輩沒有完全斷層之憾。

翁卷

翁卷，生卒年不詳，字續古，亦字靈舒。浙江溫州人，布衣終身，有《葦碧軒詩集》，錄其七絕一首。

鄉村四月

綠遍山原白滿川，子規聲裡雨如煙。
鄉村四月閒人少，才了蠶桑又插田。

這完全是江南鄉村四月的情景，好在通俗。

葉紹翁

葉紹翁，生卒年不詳，字嗣宗、號靖逸。浙江龍泉人。有《靖逸小集》。錄其《遊園不值》七絕一首如後：

應憐屐齒印蒼苔，小扣柴扉久不開。
春色滿園關不住，一枝紅杏出牆來。

這是一首名詩，後兩句從前的讀書人幾乎人人能脫口而出。「紅杏出牆」典故即出自此詩。

汪元量

汪元量，生卒年不詳，號水雲，錢塘人。咸淳進士，以善琴事謝后、王昭儀、宋亡，隨三宮留燕，後以黃冠師南歸。遊川中，廬山等處，不知所終。詩詞多紀實之作，可作南宋亡國史看。有《水雲集》、《湖山類稿》，錄其絕律各一首。

湖州歌

北望燕雲不盡頭，大江東去水悠悠。

夕陽一片寒鴉外，目斷東西四百州。

作者隨三宮被擄北上，北望燕京、雲州、自然望不到盡頭。自臨安北上，經過湖州，也必然經過長江，江水悠悠，浪淘盡多少英雄人物？自有所感。夕陽寒鴉，晚景蕭瑟，宋朝四百州江山易主矣！他的長調詞《鶯啼序》（重過金陵），對南宋之亡，江山易主，楚囚對泣，有更翔實的描寫，其他的《望江南》、《卜算子》、《一剪梅》、《惜分飛》⋯等有關幽燕俘虜生活者，我都已一併收入《全唐宋詞尋幽探微》書中。汪元量更是詞中高手。

秋日酬王昭儀

愁到濃時酒自斟，桃燈看劍淚痕深。
黃金台愧少知己，碧玉調將空好音；
萬葉秋風孤館夢，一燈夜雨故鄉心。
庭前昨夜梧桐語，勁氣蕭蕭入短襟。

王昭儀是王清惠，度宗昭儀。宋亡徙燕。有《東閣客談》、《渚山堂詞話》，其《滿江紅》詞對宋朝之亡，頗多感慨，詞好，其他宮人詞亦佳。汪元量供奉內庭，對王昭儀與宮人的影響自然不少。這首詩也是寫俘虜生活的內心感慨。

林景熙

林景熙（一二四二—一三一〇），字德陽（一作暘），號霽山，浙江平陽人，咸淳七年（一二七一）由太學上舍入仕，爲泉州教授、禮部架閣、從政郎，宋亡不仕，有《林霽山集》。錄其七絕一首。

山窗新糊有故朝封事稿閱之有感

偶伴孤雲宿嶺東，四山欲雪地爐紅。
何人一紙防秋疏，卻與山窗障北風？

這是作者流寓嶺東的偶然發現。「防秋疏」是指宋朝爲防金人發動進攻向朝廷上的機密奏章，亦即詩題「故朝封事稿」。所謂「故朝」者，南宋已亡。因此老百姓將這種機密文件當作糊窗紙，以禦嚴寒的北風。趙宋三百一十六年（宋太祖建隆元年庚申九六〇—恭帝德佑二年丙子一二七六）的天下，先有徽欽二帝被虜，乃至末代恭帝被擄，以及封事稿作糊窗紙，下場如此不堪，爲前所未見。（此係以元世祖於一二七七年即位於開平，定都燕京，改國號元滅宋計算。帝昺殉國崖山，只是多一悲劇，與趙宋政權之延續，毫無作用，徒令人感慨而已。）

以前我讀南唐後主李煜《渡中江望石城泣下》七律與《破陣子》詞時，不禁感慨萬千。其詩如下，詞不錄。

江南江北舊家鄉，三十年來夢一場。
吳苑宮闈今冷落，廣陵臺殿已荒涼；

雲籠遠岫愁千片，雨打孤舟淚萬行。

兄弟四人三百口，不堪閒坐細思量。

趙宋子孫之下場，也使我想起李後主的慘死，同時更想起佛道兩家的因果說和宇宙自然法律。天道無私，人類一切行爲，無非自作自受，乃至禍福延及子孫。共業而已，無關迷信。

民國八十七年（一九九八）戊寅一月十二日於紅塵寄廬

中華古典詩詞研究所

民國八十八年（一九九九）己卯五月十六日校正

墨人著作要目

1.自由的火焰	詩　集	自印	民國三十九年
2.哀祖國	詩　集	大江出版社	民國四十一年
3.最後的選擇	短篇小說	百成書店	民國四十二年
4.閃爍的星辰	長篇小說	大業書店	民國四十二年
5.黑森林	長篇小說	香港亞洲社	民國四十四年
6.魔障	長篇小說	暢流半月刊	民國四十七年
7.孤島長虹	長篇小說	文壇社	民國四十八年
8.古樹春藤	中篇小說	九龍東方社	民國五十一年
9.花嫁	短篇小說	九龍東方社	民國五十三年
10.水仙花	短篇小說	長城出版社	民國五十三年
11.白夢蘭	短篇小說	長城出版社	民國五十三年
12.颱風之夜	短篇小說	長城出版社	民國五十三年
13.白雪青山	長篇小說	長城出版社	民國五十四年

14.春梅小史	長篇小說	長城出版社	民國五十四年
15.洛陽花似錦	長篇小說	長城出版社	民國五十四年
16.東風無力百花殘	長篇小說	長城出版社	民國五十四年
17.合家歡	長篇小說	省新聞處	民國五十四年
18.紅樓夢的寫作技巧	文學理論	商務印書館	民國五十五年
19.塞外	短篇小說	商務印書館	民國五十五年
20.碎心記	長篇小說	小說創作社	民國五十六年
21.靈姑	長篇小說	小說創作社	民國五十七年
22.鱗爪集	散文	水牛出版社	民國五十七年
23.青雲路	短篇小說	商務印書館	民國五十八年
24.變性記	短篇小說	商務印書館	民國五十八年
25.龍鳳傳	長篇小說	幼獅書店	民國五十九年
26.火樹銀花	長篇小說	立志出版社	民國五十九年
27.浮生集	散文	聞道出版社	民國六十一年
28.墨人詩選	詩集	中華書局	民國六十一年
29.鳳凰谷	長篇小說	中華書局	民國六十一年
30.墨人短篇小說選	短篇小說	中華書局	民國六十一年

31.斷腸人	短篇小說	學生書局	民國六十一年
32.詩人革命家胡漢民傳	傳記小說	近代中國社	民國六十七年
33.心猿	長篇小說	學人文化公司	民國六十八年
34.山之禮讚	詩集	秋水詩刊	民國六十九年
35.心在山林	散文	中華日報社	民國六十九年
36.墨人散文集	散文	學人文化公司	民國六十九年
37.山中人語	散文	商務印書館	民國七十二年
38.花市	散文	江山出版社	民國七十四年
39.三更燈火五更雞	散文	江山出版社	民國七十四年
40.墨人絕律詩集	詩集	商務印書館	民國七十六年
41.全唐詩尋幽探微	文學理論	商務印書館	民國七十六年
42.第二春	短篇小說	采風出版社	民國七十七年
43.全唐宋詞尋幽探微	文學理論	商務印書館	民國七十八年
44.小園昨夜又東風	散文	黎明文化公司	民國八十年
45.紅塵（上中下三卷一二〇萬字）	長篇小說	新生報社	民國八十年
46.大陸文學之旅	散文	文史哲出版社	民國八十一年
47.紅塵續集（四十萬字）	長篇小說	新生報社	民國八十二年

48.墨人半世紀詩選	詩　選	文史哲出版社	民國八十四年
49.張本紅樓夢	修訂批注	湖南出版社	一九九六年
50.紅塵心語	散　文	圓明出版社	民國八十五年
51.年年作客伴寒窗	散　文	中天出版社	民國八十六年
52.全宋詩尋幽探微	文學理論	文史哲出版社	民國八十九年
53.墨人詩詞詩話	詩詞詩話		排印中
54.娑婆世界	長篇小說		排印中
55.慧業寒窗六十年	專訪評論詩		排印中

李[illegible]

[illegible]

手種黃梅已著花，此身猶寄在天涯。
三年客裏經春去，每得東風兩鬢華。

劉一止

[illegible]

西溪[illegible]夜[illegible]滿溪，晚上橋頭見細香。